LA CONSCIENCE

DK

La Conscience DK

Ecrit par Dk Yoo
Traduction française par Thomas Peres
Publié et mis en page par Thomas Peres
Relecture par Alexandre Bonneau

Contact : dkwcs@naver.com
Site : https://dkwcs.com

wcsfrance.com
contact@wcsfrance.com

Pour toute information complémentaire sur cet ouvrage ou le WCS, vous pouvez adresser vos questions par mail à l'adresse : contact@wcsfrance.com

Imprimé à la demande par *Amazon KDP.*
ISBN : 9798625621977
Dépôt légal : Octobre 2020

LA CONSCIENCE DK

Ecrit par DK Yoo

Traduction par Thomas Peres

WCS Association
Warfare Combat System France

SOMMAIRE

PROLOGUE I

Les recherches théoriques s'améliorent en cherchant un raisonnement logique pour tout, et atteignent la vérité en combinant différentes approches. Cette façon logique de procéder permet d'unifier différentes études autour d'un même but. Les recherches portant sur notre monde n'échappent pas non plus à cette règle, et nécessitent également une approche complète et logique avec différentes approches. Une fois que ces recherches touchent au but, et que leurs conclusions sont intégrées, assimilées, elles peuvent être transformées pour en faire une version unique, améliorée. Comme lorsque l'on crée un métal plus dur en fondant différents types de pierres et en éliminant les impuretés. C'est la base de toute pensée créative, créer du neuf à partir de l'ancien.

Isaac Newton (1642-1727), qui découvrit la Loi de la Gravitation[1], a dit, « Si vous avez pu voir plus loin que les autres, c'est parce que

[1] *Loi de la Gravitation : est la loi découverte par Isaac Newton, décrivant la gravitation comme une force responsable de la chute des corps et du mouvement des corps célestes.*

vous vous teniez sur les épaules des géants ». Par les géants, il indique ici Descartes (1596-1650), qui a découvert la géométrie analytique[2] ; Johannes Kepler (1571-1630), qui a découvert après vingt-deux ans d'observation les trois lois fondamentales qui gouvernent le mouvement des planètes; et Galilée[3] (1564-1642), dont le travail a grandement influencé les théories de Newton, et qui ont laissé un héritage formidable dans l'histoire humaine. La grandeur de Newton réside dans le fait qu'il a pu prouver la gravité de manière scientifique, en utilisant des techniques mathématiques et un raisonnement s'appuyant sur des recherches passées.

Pendant les trois cent ans qui suivirent, la loi de la gravitation fut une boussole dans le monde de la physique, de nombreux chercheurs ayant par la suite renforcé la théorie. En fait, la loi de la gravitation n'était pas parfaite au niveau théorique. A l'œil nu, d'extérieur, elle fonctionnait, mais lorsque l'on ajoutait le concept du temps à l'espace, elle ne répondait plus aux fondamentaux de la distribution d'énergie.

Par la suite, Albert Einstein (1879-1955) publia sa « théorie de la Relativité », et dévoila les secrets de la nature de la gravité. A la différence de Newton, Einstein percevait la gravité comme un nouveau modèle (paradigme) dans lequel on pouvait amener les concepts du temps et de l'espace en trois dimensions, essayant ainsi d'expliquer la cause et les phénomènes liés à la gravité. Einstein estima que la force

[2] *Géométrie analytique : une approche de la géométrie dans laquelle les objets sont décrits par des équations ou des inéquations à l'aide d'un système de coordonnées. Elle est fondamentale pour la physique et l'infographie.*

[3] *Galilée : né à Pise en 1564 et mort à Arcetri près de Florence le 8 janvier 1642, est un mathématicien, géomètre, physicien et astronome italien du XVIe siècle. À partir de 1623, Galilée publie des ouvrages dans lesquels il soutient les théories de Copernic, un astronome qui affirme que la Terre tourne autour du Soleil, et non le contraire.*

de la gravité est équivalente à l'accélération de la matière et l'expliqua en utilisant sa propre formule basée sur la géométrie non-Euclidienne de Bernhard Riemann (1826-1866) plus de cinquante ans auparavant. Ceci amena Einstein à la conclusion que le mouvement des objets massifs cause une distorsion dans l'espace-temps, ressentie comme la gravité. Il estimait que la présence d'énergie-matière déterminait la courbe de l'espace-temps l'entourant.

En un sens, la loi de la gravitation de Newton a été transformée en une théorie bien plus avancée permettant de comprendre la nature même de la gravité et en apportant une nouvelle compréhension sur cette force naturelle, mais qui est longtemps restée un mystère.

Alors, la théorie de la relativité d'Einstein a-t-elle créé un nouveau modèle de pensée qui n'existait pas auparavant ? La réponse est non. Einstein a établi sa théorie en la basant sur l'héritage du géant intellectuel qu'était Newton. Il a soulevé des questions cruciales grâce à son esprit critique, et pour les vérifier, a étudié de nombreux livres et recherches, afin de compléter sa théorie.

En d'autres termes, la théorie de la relativité ne fut pas une création totalement nouvelle, mais commença en acceptant les théories préexistantes, ce qui a amené à une évolution des croyances et à l'établissement d'une nouvelle théorie.

Les scientifiques reconnus comprennent et intègrent ce concept, afin que par la suite ils puissent faire de grandes découvertes et faire évoluer les théories précédentes. Encore aujourd'hui, de nombreux scientifiques s'efforcent de découvrir de nouvelles vérités sur l'univers en se basant sur la théorie d'Einstein. Les gens aimeraient pouvoir créer quelque de nouveau en partant de rien, afin de prouver leur valeur. Cependant, personne n'est jamais complètement libre du passé. Il est beaucoup plus efficace d'accepter et d'utiliser le travail et les accomplissements de nos prédécesseurs. Il serait bien plus intéressant d'arrêter de perdre du temps sur des recherches déjà effectuées, et de consacrer ce temps à de nouvelles découvertes.

Imaginons que Newton ai dévoué vingt-deux ans de sa vie aux observations astronomiques, comme l'avait fait Kepler, avant de découvrir les lois de la gravitation, ou qu'Einstein ait suivi le même cheminement que Newton avant qu'il ait établi la loi de la gravité. Cela n'aurait été qu'une perte de temps. En fait, ces grandes découvertes qui ont changé le monde n'auraient pas été possibles.

Comme le présent ne peut exister sans le passé, et le futur ne peut exister sans le présent, rien dans ce monde n'est entièrement libre du passé. Connaitre le présent signifie connaître le passé et le futur. C'est là l'attitude d'un étudiant se préparant pour le futur. Ainsi, Choi Han-gi (1803-1873), un intellectuel de la fin de la dynastie Joseon[4], révèle dans le premier chapitre de son livre, « Chi-hak ; Une approche pragmatique de la Métaphysique Confucianiste » :

Les lois de l'univers sont la fondation de toute chose, et servent à distinguer le passé du futur. Un chercheur sera capable de prendre la bonne direction [dans ses recherches] et de faciliter l'application concrète seulement après avoir établi ces principes.

Lorsque l'on doit gérer une situation ou ses responsabilités, il peut par exemple être tentant de se baser sur le Chi, et de ne pas le remettre en question. Mais un regard sur le passé doit servir à rendre le présent plus clair, et non pas à le contredire. Si les connaissances du passé ne sont pas en accord avec le présent, ce qu'il faudra rechercher se

[4] Période Joseon : Période de l'histoire de la Corée au cours de laquelle le pays fut gouverné par la dynastie Joseon, parfois appelée dynastie Yi, une dynastie de rois coréens qui occupa le trône de 1392 à 1910

trouvera par conséquent dans le présent, pas dans le passé. De la même façon, pour imaginer changer le futur, nous devrions nous concentrer sur le présent, afin de créer pour la postérité. Si ce qu'on l'on créé n'a pas de potentiel dans le futur, le problème vient du présent.

Il est également écrit dans le chapitre 1-57, « Marchand et Propriété » de cet ouvrage :

[A propos de l'apprentissage]
Construisez par l'expérience. Abandonnez l'exagération, et cherchez le raffiné et le concret.

Comme l'explique Choi Han-gi, nous devrions apprendre du passé, pour en bénéficier dans le présent, et influencer le futur. Le but de la « Conscience DK » est d'aborder la maitrise de notre esprit en se basant sur les réussites et les héritages de grands noms de notre histoire.

En utilisant certains concepts fondamentaux, comme apprendre de toute chose, l'atteinte de la vérité en combinant plusieurs approches, ce livre va nous apprendre comment aborder la vie avec un état d'esprit connecté au Présent. J'espère que vous pourrez grâce à ce livre approfondir vos connaissances, et profiter pleinement du présent.

Dk Yoo

2018, l'année du Chien de Terre

PROLOGUE II

Approfondir les connaissances sur la pleine conscience humaine

L'essence est la racine de tout phénomène. Un phénomène peut être différent, mais l'essence qui en est à l'origine reste inchangée. C'est ce qu'on appelle un phénomène homéostatique. Une fois que l'essence se crée, elle trouve un équilibre qui ne peut plus être altéré par les circonstances.

Alors qu'est-ce qu'une essence ?

L'essence du feu est « la chaleur », puisque le froid ne peut s'allier au feu. Il existe plusieurs types de feux ; feu de bois, explosion, lampe à pétrole, feu d'allumette mais l'essence reste « la chaleur ». L'essence de l'eau est « l'humidité ». De n'importe quelle façon, l'eau mouille ou rend humide. Il en existe plusieurs formes : la mer, la rivière, l'eau du robinet, et même les larmes, par essence, sont humides. L'essence du vent est « le mouvement », puisque le vent ne peut être immobile, par essence il est en mouvement. Il peut être chaud, froid, et prendre plusieurs formes, comme une brise ou l'air d'un ventilateur.

Alors, quelle est l'essence de l'être humain ? C'est son esprit. Aucun homme n'existe sans son esprit. Bon ou mauvais, l'esprit est l'outil ultime de l'être humain. En général, l'être humain est incapable de stopper son esprit, même pour un court instant. C'est pourquoi, tout au long de notre histoire, les sages ont cherché comment entrainer l'esprit à se calmer. Ils finirent par comprendre que pour stopper un esprit trop envahissant, il fallait déjà en comprendre la profondeur. Ils étaient déjà en train de décrire ce qui fait l'essence de l'être humain, la pleine conscience.

Examinons rapidement les principes des philosophies Orientales du Confucianisme, Bouddhisme et Taoïsme.

En Confucianisme, les milliers de préceptes peuvent être rassemblés sous ces phrases : « Cultiver le don de Dieu sans perdre sa conscience originelle » ou bien « Connaitre sa nature avec le cœur et l'âme ». Mencius[1] expliquait ; « Ceux qui connaissent leur esprit connaissent leur nature. Ceux qui connaissent leurs nature, connaissent par conséquent le Paradis. Leur esprit leurs appartient, ils cultivent leur nature, et ils sont ainsi capable de servir le Paradis. »

En Bouddhisme, l'essence de milliers de manuscrits se résumerait à, « Comprendre l'esprit et sa nature intrinsèque », alors que du point

[1]*Mencius : Mencius, de son nom personnel Meng Ke, ou Meng Tzeu, est un penseur chinois confucéen ayant vécu aux alentours de 380-289 av. J.-C. Mencius aurait étudié auprès d'un disciple de Zi Si, petit-fils de Confucius.*

de vue du Confucianisme, ce serait ; « Cultiver avec le cœur et l'âme ». « Cultiver une bonne nature » en Confucianisme, « Voir clair » en Bouddhisme, tout ramène à l'esprit Humain. Il n'y a que très peu de différences entre les termes « cultiver » et « développer ».

Un moine Confucianiste mentionnait « Planter des racines », ce qui en Taoïsme correspondrait à « Renforcer les racines », et à « développer ses racines » en Bouddhisme. En Confucianisme, on utilise le mot Zhōng (centre en chinois), pour décrire la pleine conscience. Sans faire référence à une position neutre, elle décrit un état d'esprit libre de l'espace et du temps. Dans « la voie du Zhongyong », un des quatre livres majeurs de la philosophie Confucianiste, écrit en 500 avant J.-C., il est dit que Zhōng est le « moment avant qu'une pensée ne surgisse », ou « l'essence du monde et du cœur de l'univers ».

Dans le Catholicisme, cette pleine conscience représente l'endroit où se trouve Dieu, car « Dieu existe uniquement là où l'esprit n'est pas ». Dans le Sermon sur la montagne, un recueil de paroles et d'enseignements de Jésus Christ, il est écrit « Heureux les pauvres en esprit, car le Royaume des Cieux est à eux ». L'apôtre Mathieu écrivait « Si vous ne changez pas et ne devenez pas comme les enfants, vous n'entrerez pas dans le règne des cieux ». La signification de « changer et de devenir enfant », est ici de retourner à une attitude non discriminante, comparant la pleine conscience à l'innocence des enfants. Dans « Le livre de La Voie et ses vertus ou le Dao Te Jing », un des livres majeurs du Taoïsme écrit par Lao Tseu, il est écrit : « Il crie tout le jour et pourtant sa voie reste claire, tant est parfaite son harmonie ». Un adulte peut perdre sa voix en criant en une heure, alors qu'un enfant peut hurler toute la journée sans le moindre mal de gorge. Un adulte est rempli de pensées, alors que l'enfant est dans un état de non-esprit.

Pour résumer, Zhōng, peut être aussi appelé « Dào » ou « Dieu », suivant comment l'on aborde l'essence de l'esprit. Toutes ces terminologies ne sont que le doigt qui pointe vers la lune, et seul un sot se focalise sur le doigt au lieu de regarder la lune. Un nom est juste un moyen d'indiquer une vérité, parmi d'autres. Les termes de Dieu, Tao, et Vérité sont apparus pour parler de la pleine conscience, l'essence de l'existence humaine. Tout au long de notre histoire, de nombreux sages se sont dévoués à la pratique de la pleine conscience et ont transmis leurs enseignements à la génération suivante. D'Est en Ouest, on rencontre de nombreuses méthodologies. Pour exemples : Dyana[1] en Yoga indien, Vipassana[2] et la méditation Zen en Bouddhisme ; le chemin d'Immortalité en Taoïsme, Apaiser l'esprit et établir sa vie en Confucianisme ; la Prière contemplative et la prière silencieuse en Christianisme ; la méditation Soufi en Islam ; la méditation Kabbale en Judaïsme.

Il a toujours existé des techniques pour atteindre la pleine conscience pour les chercheurs spirituels, mais également pour le grand public : lire des écrits. Puisqu'il n'est pas facile d'atteindre un état de pleine conscience, alors ces sages ont créé comme une méthode pas à pas. Pour que tout le monde puisse se connecter à son esprit, ils ont créé ces écrits. En Inde, par exemple, on récite les Véda ou les Upanishad[3], la

[2]*Dyana : Ce terme désigne des états de concentration cultivés dans l'hindouisme, le bouddhisme, et le jaïnisme. Il est souvent traduit par « absorption », bien qu'étymologiquement il signifie simplement méditation ou contemplation*

[2]*Vipassana : désigne dans la tradition bouddhique la « vue profonde » ou « inspection », ainsi que les pratiques de méditation qui y sont associées*

Véda : Le Veda est un ensemble de textes qui, selon la tradition, ont été révélés aux sages indiens nommés Rishi.

[3]*Upanishad : Les Upanishad ou Upaniṣad sont un ensemble de textes philosophiques qui forment la base théorique de la religion hindoue.*

Bible en Christianisme, les écrits Bouddhistes Theravada et Mahayana en Bouddhisme, le Coran en Islam, les entretiens de Confucius ou le Mengzi en Confucianisme, et le Dào Te Jing en Taoïsme. Ces livres sont des condensés de sagesse, qui donnent la possibilité au lecteur d'atteindre lui-même la pleine conscience.

Le but des religions est de trouver différentes façons d'amener l'humanité à la pleine conscience, car sans elle, l'humanité ne peut connaître la paix. Sans la paix, leurs esprits sont constamment bousculés par les circonstances externes. C'est pourquoi les sages ont essayé à leurs manières de transmettre leurs vérités pour atteindre la pleine conscience.

Le but de cet ouvrage est de transmettre ces connaissances inestimables et de les adapter à la réalité du monde qu'est le nôtre aujourd'hui. Ainsi, il montre comment on peut calmer notre esprit au quotidien avec l'enseignement de nos sages ancêtres. Bodhidharma, un moine Bouddhiste qui a établi la branche Zen du Bouddhisme Mahayana, dit qu'il n'y a pas de discrimination quand on parle d'atteindre l'illumination de Bouddha, qu'importe le chemin emprunté. L'eau, bue par une vache, devient le lait qui nourrit la vie. L'eau, bue par un serpent, devient mortelle.

Qu'importe le chemin que l'on suit, le résultat est la responsabilité de la personne. Par conséquent, l'étude et l'application des fondamentaux reste la voie pour atteindre la vérité ultime.

CHAPITRE I

Relation entre objectivité et subjectivité

Des variantes dans le concret

Le but de la Conscience DK est de pouvoir « observer la nature d'un objet avec une absolue clarté d'esprit afin de faire un jugement juste et de comprendre l'essence des choses». Ceci permet d'être complètement indépendant des influences extérieures ou des peurs intérieures, et il devient alors possible de faire la distinction entre une interprétation subjective et des faits objectifs. On peut alors se concentrer clairement sur l'objectivité. Cela permet également d'identifier ce qui a été appris ou non et d'ensuite améliorer ses connaissances par l'expérience, tout en maintenant un état d'esprit calme en toutes circonstances.

Ce livre ne parle pas de « perception » au sens commun du terme, mais plutôt comme d'une compétence. Ici la perception permet de voir de façon objective, libéré de toute pensée « automatique ». Une telle approche de la connaissance permet de percevoir les choses de façon plus précise, et d'ensuite en percevoir les fondements. La plupart des gens ne peuvent voir la réalité objective d'un fait. Ils mélangent souvent des fragments d'objectivité avec des fausses croyances, ou bien en projetant des émotions négatives et des concepts tirés d'expériences passées. On ne peut voir un fait tel qu'il est vraiment en ayant une perspective voilée, ou sous l'influence de sentiments intérieurs. Pour se libérer d'un tel état, on doit développer la compétence qui permet de voir la vérité objective avec clarté.

Lao-Tseu[1] a dit : « Savoir et pourtant penser ne pas savoir est la plus haute des réalisations ; Ne pas savoir et penser savoir est une maladie. » Confucius[2] (551-479 av. J.-C.) a dit, « Savoir ce que l'on sait et ce que l'on ne sait pas, ceci est le savoir véritable. » Enfin, Socrate (470-399 av. J.-C.) : « Je sais que je ne sais rien ».

Socrate[3] pensait que la plupart des gens en savaient beaucoup moins que ce qu'ils prétendaient, et qu'ils prétendaient connaitre des

[1]*Lao Tseu : Lao Tseu ou Laozi ou Lao Zi, plus communément appelé en Chine Tàishàng lǎojūn, de son vrai nom Li Er, aurait été un sage chinois et, selon la tradition, un contemporain de Confucius. Il est considéré a posteriori comme le père fondateur du taoïsme.*

[2]*Confucius : Confucius, né le 28 septembre 551 av. J.-C. à Zou et mort le 11 avril 479 av. J.-C. à Qufu dans l'actuelle province du Shandong, est un philosophe chinois. La doctrine philosophique et religieuse de Confucius, qui défie les systèmes politiques alors en place depuis 2 500 ans, préconise le retour à la morale en appelant aux droits des faibles et aux devoirs des puissants.*

[3]*Socrate : philosophe grec du Ve siècle av. J.-C. Il est connu comme étant l'un des créateurs de la philosophie morale. Socrate n'a laissé aucun écrit. Sa pensée et sa réputation se sont transmises par des témoignages indirects.*

choses dont ils ne pouvaient être certains. Tout au long de l'histoire, les sages orientaux et occidentaux ont parlé de la connaissance en elle-même et essayaient d'enseigner l'essentiel. D'après eux, pour se connaitre vraiment, il faut voir les choses de façon objective, comme

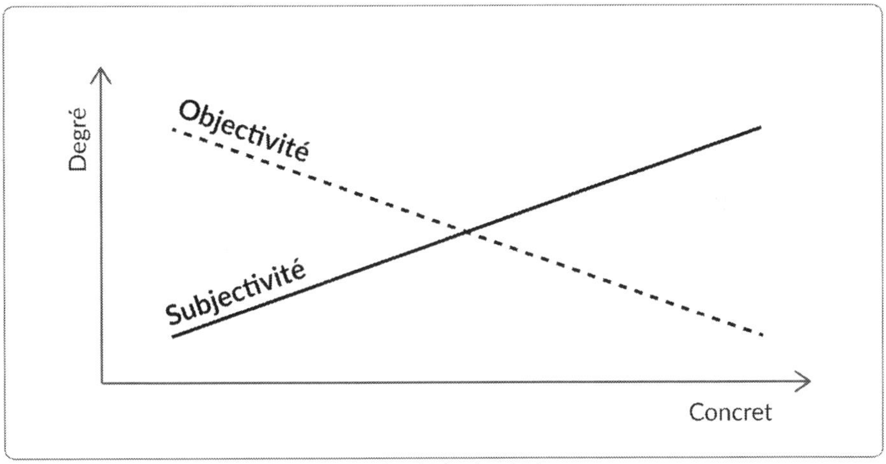

Relation entre objectivité, subjectivité et concret

avec la Conscience DK. Seules les connaissances acquises ainsi sont authentiques, et nous permettent de distinguer entre ce que je sais et je ne sais pas. Pour atteindre cet état, il faut une capacité d'observation non faussée, avec du recul, comme si je regardais le sol depuis le haut d'une montagne. Lorsque l'on perçoit un évènement, il convient de faire la différence entre les concepts d'objectivité et de subjectivité. Etre hautement objectif ne signifie pas forcément voir les choses comme un observateur extérieur, mais plutôt de voir tout l'ensemble de l'événement avec une certaine distance. La haute subjectivité, au contraire, se voit plutôt comme une analyse et une observation profonde plutôt qu'un simple point de vue personnel

Plus l'objectivité augmente, plus on va vers le concret, et inversement pour la subjectivité. Par exemple, les pronoms comme «

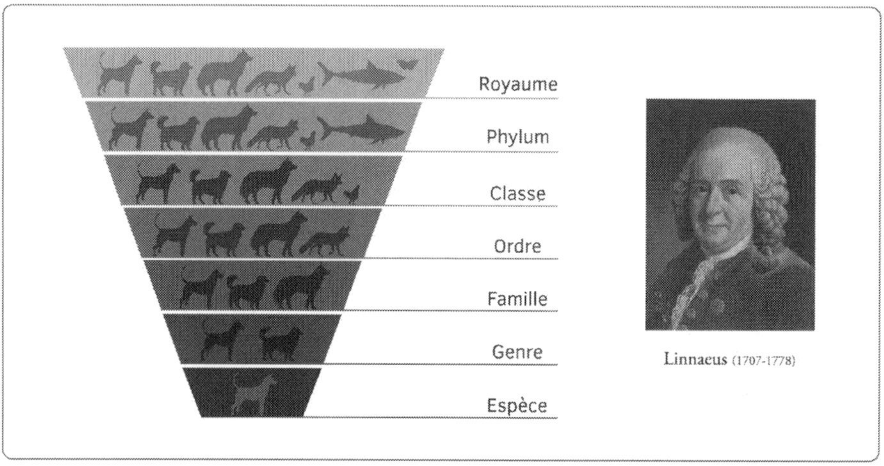

[Schéma 1] Taxonomie - Classification de Linné

Il » ou « Ceci » sont des concepts vagues puisqu'ils peuvent décrire beaucoup de choses. Ils sont subjectifs et peu concrets. A l'inverse, une description comme, « Mr Brown, né en 1979 et vivant à Séoul » ou « Un bureau exposé dans la vitrine d'un magasin situé sur la 18th avenue » sont tellement précis dans leur description, qu'ils peuvent être hautement objectifs et concrets.

Alors dans ce cas comment doser efficacement objectivité et subjectivité ? La réponse à cette question peut être étudiée dans la Taxonomie, le système de classification des espèces vivantes de Carl Von Linné (1707 – 1778), Botaniste, Docteur et Zoologiste Suédois.

Prenons les êtres humains comme exemple pour ce schéma. Comme d'autres espèces, les êtres humains possèdent des caractéristiques, et une apparence distincte (Espèces). On les retrouve au sein d'un même groupe qui partage le même sang comme des frères et sœurs (Genre). La famille correspond à leur famille, ordonnée de la famille proche à la plus lointaine (Ordre). Puis, on peut constater que ces familles vivent entourées d'autres familles. Toujours en suivant le graphique vers le haut, on peut représenter une ville, où plusieurs familles vivent ensemble (Phylum). Le royaume peut aussi représenter une unité plus haute, comme une province, qui regrouperait plusieurs villes (Royaume). Enfin, l'unité la plus haute « objectivement » serait la Vie, qui inclut toute chose vivante. La vie serait la plus objective, la moins concrète, et les différentes espèces qui la peuplent auraient différentes caractéristiques concrètes et hautement objectives. On peut donc analyser un être humain différemment suivant la position depuis laquelle je l'observe.

Il est toujours préférable d'observer les choses d'un point de vue plus élevé que le sien avec un peu plus de recul, sans pencher vers l'objectivité ou la subjectivité. C'est comme si on imaginait observer depuis la distance du Phylum (sur le schéma de la nomenclature Linnéenne). C'est seulement lorsque l'on arrive à percevoir les objets et les faits sans distraction ou interférence émotionnelle que l'on peut discerner les faits objectifs. Ce système permet de pouvoir se mettre facilement à la place de l'autre.

Un vieux proverbe dit : « Se mettre dans les chaussures de l'autre ne laisse plus de place pour le conflit ». Cette attitude libère des émotions parfois négatives et pousse à trouver des solutions objectives, plutôt que des interprétations subjectives.

Supposons que votre chien Charlie soit mort, et que vous êtes dans un chagrin inconsolable. Ce chagrin est dû à une attitude très subjective envers l'objet, le chien. Vos pensées peuvent être, par exemple, que « Charlie a passé 10 ans à mes côtés ; il fait partie de la famille, » et « Qu'il vous a toujours rendu heureux ». Ce sont des interprétations subjectives, qui vous empêchent d'accéder aux faits objectifs.

Si vous pouvez percevoir le présent avec plus de distance, Charlie ne serait qu'un chien parmi d'autres, non sujet de votre affection, et d'un point de vue encore plus distant, il n'est qu'une forme de vie parmi tant d'autres. En percevant Charlie ainsi, comme une des nombreuses vies que portent la planète, votre esprit se détachera petit à petit du chagrin et vous pourrez finalement percevoir le fait objectif que Charlie vous a quitté. Vous pourrez ensuite constater que votre interprétation subjective vous a amené tristesse et souffrance, et ainsi vous en libérer.

Cet exemple sert à illustrer que la capacité à voir un évènement avec du recul permet d'en avoir une meilleure perception. La mort de Charlie est bien sur un évènement triste, mais il serait encore plus tragique que vous ruiniez les semaines suivant sa mort à cause de votre interprétation subjective. Ainsi, il est essentiel de maintenir un regard large et objectif plutôt que subjectif et trop précis, pour faire le tri entre des faits et des perceptions personnelles.

Il faut aller chercher une conscience plus élevée.
C'est la première étape de la perception.

CHAPITRE II

Contemplation du maquillage féminin

Observer d'un regard plus large

Sans forcément s'en rendre compte, les femmes ont à la fois un regard sur elles-mêmes, et sont en même temps sensibles au regards des autres. On peut voir le maquillage comme une forme « d'étiquette », de règle implicite. Si une femme se rend à un rendez-vous important ou à une rencontre sans maquillage, cela peut être perçu comme impoli. A l'inverse, se présenter à un rendez-vous sans maquillage peut aussi être interprété comme le signe qu'elle se sent à l'aise dans ce groupe. Cela peut aussi indiquer qu'elle n'a aucunement l'intention de plaire ou de séduire. Porter du maquillage est un acte qui fait partie du quotidien, comme se laver, s'habiller. Lorsqu'une femme sort, il est considéré comme anormal qu'elle porte un maquillage, même léger. Le maquillage peut être considéré comme une forme d'expression de la femme, autant qu'une technique esthétique. Comme le défendent les « Makeup Artists », le maquillage peut même être une forme d'art à part entière.

Jung Saemmul, une artiste maquilleuse diplômée dans les Arts Occidentaux, a dit, « Les coups de pinceaux d'un artiste ne devraient pas se voir ». Elle explique ainsi que les coups de pinceaux d'un artiste d'expérience ne se distinguent pas sur la toile. On ne peut pas dire d'où est parti le coup de pinceau et où il s'est terminé. C'est surement cette vision qui l'a rendue elle et sa technique célèbre. Ses maquillages sont connus pour être légers, naturels et quasi- invisibles. Elle est reconnue pour pouvoir reconnaitre la beauté naturelle de son client, et utiliser le maquillage pour la sublimer de façon très naturelle. Sa technique de maquillage « invisible » n'est pas pauvre ou limitée, mais au contraire sublimante. Avant l'application du maquillage, on doit scruter le client sous tous les angles pour bien le comprendre. C'est primordial pour considérer les points forts et points faibles du client, comprendre son visage, choisir quelle zone mettre en lumière, pour éviter de se retrouver à passer couches sur couches de maquillage.

Il est plus facile de mettre du maquillage en se regardant de très près dans la glace, puis de reculer de temps à autre pour voir tout le visage. C'est simplement pour éviter ce fameux principe de « l'arbre qui cache la forêt ». En se focalisant trop sur un détail, on perd la vue d'ensemble.

En prenant du recul de temps en temps pour voir son visage, on peut se rendre compte qu'une partie qui semble disgracieuse de près, s'intègre finalement bien dans l'ensemble. Cela nous permet aussi de doser le maquillage, d'y aller petit à petit, en vérifiant que cette partie reste cohérente avec le tout.

C'est donc un processus de perception améliorée, qui donne une perspective plus grande basée sur des faits objectifs.

Que se passe-t-il dans le cerveau d'une femme qui se maquille ainsi ? Le scientifique Kenichiro Mogi décrit dans son livre « Makeup Brain » que l'essence de l'acte de se maquiller est de « se voir objectivement à travers les yeux des autres ». Autrement dit, l'acte de se maquiller permet à la femme d'avoir un regard plus large sur elle, une autre perspective. En se maquillant, la femme perçoit ce visage comme celui d'une autre, laissant ainsi de côté les interprétation subjectives et en focalisant sur les faits objectifs. Puisqu'elle est libérée de toute subjectivité, en se maquillant elle parvient à se libérer des émotions négatives. Le maquillage concrétise les interprétations objectives et subjectives.

Atteindre cette perception plus large, plus globale, est le but de ce livre. Comme lorsqu'une femme se maquille, les interprétations subjectives sont mises de côté et on considère uniquement les faits objectifs. De cette façon, on peut découvrir la différence entre la pensée et ce qui crée la pensée, mais également ce qui crée la souffrance. Une fois que ceci est découvert, on peut enfin voir la vérité, libre des mémoires, expériences, ou croyances du passé parce qu'elles ne limitent plus nos esprits.

Cette perception vous rendra imperturbable par les évènements extérieurs. Le chapitre suivant décrit l'approche scientifique d'une telle perception.

CHAPITRE III

La fonction des Neurones Miroirs

Tout le monde est capable d'atteindre la conscience de Dk

Le cerveau humain contient des neurones miroirs, répartis dans tout le cerveau. Une des fonctions principales des neurones miroirs est d'interpréter les expériences indirectes et les connaissances d'autres personnes comme siennes. Par exemple, lorsque quelqu'un baille, vous allez probablement bailler aussi. C'est parce que le cerveau absorbe continuellement les stimuli externes et traite ces informations pour maintenir son homéostasie[1]. Lorsque quelqu'un baille près de vous, votre cerveau arrête son processus d'analyse mais vous laisse mimer l'action. Cela permet d'économiser les ressources du cerveau

[1]*Homéostasie : L'homéostasie correspond à la capacité d'un système à maintenir l'équilibre de son milieu intérieur, quelles que soient les contraintes externes.*

habituellement utilisées pour traiter les informations extérieures. Cette capacité bien spécifique du neurone miroir à copier et apprendre,

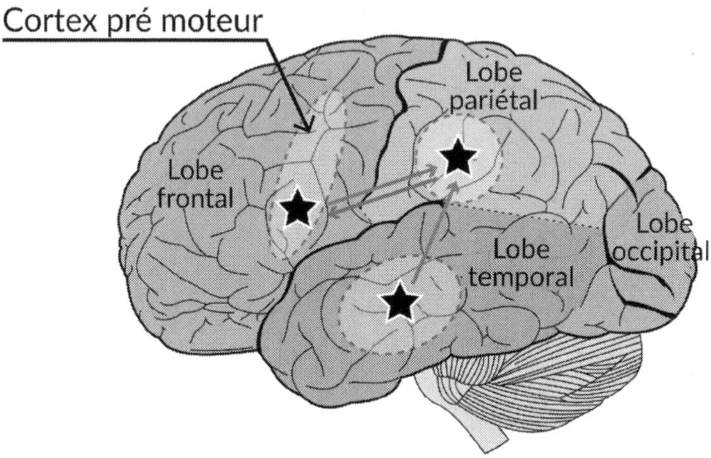

[Schéma 2] Neurones miroirs

crée un phénomène connu sous le nom de Tou Quan, une technique martiale, qui permet de mimer les mouvements de quelqu'un d'autre.

Les neurones miroirs, marqués par les étoiles sur le schéma, sont situés dans trois zones du cerveau. En bas du cortex pré moteur dans le lobe frontal, le lobe pariétal, et à l'avant du cortex insulaire dans le lobe temporal. Les neurones miroirs échangent des signaux avec les autres neurones miroirs et traitent l'information d'une action pour en connaitre le sens.

Une autre de leur fonction est de créer l'empathie : la possibilité de ressentir la joie ou la douleur des autres comme la sienne. Cette capacité d'empathie est un élément essentiel pour que les êtres humains puissent mener une vie de communauté. Elle contribue à adoucir la vie sociale. Ces neurones permettent également de vivre des expériences de façon indirecte, à travers les livres. On peut ainsi absorber les connaissances de l'auteur et ses expériences. Grâce aux vastes connaissances contenues dans les livres, nous pouvons développer nos connaissances et les mettre à jour, sans avoir nécessairement besoin de vivre les mêmes expériences. Quand on regarde un film, c'est grâce à ces neurones que nous ressentons de l'empathie pour les problématiques du héros du film, nous amenant satisfaction ou catharsis[2]. Au cinéma, nous pouvons vivre la scène, comme si la catastrophe était réelle, et nous sentir soulagés et en sécurité quand le film se termine. Ainsi, nous apprenons grâce à l'observation et aux expériences indirectes, tout ça grâce aux neurones miroirs.

Cependant, la fonction la plus importante du neurone miroir est autre. Sa fonction la plus intéressante est peut-être la capacité à pouvoir s'analyser depuis un point de vue extérieur. C'est ce qu'on appelle la conscience objective de soi. C'est cette capacité qui permet de voir les faits objectifs sans se faire balader par les circonstances ou les émotions.

Ici, nous comprenons donc que nous possédons déjà cette capacité. C'est une fonction innée du cerveau humain, nous avons seulement besoin d'apprendre à l'opérer. Ce livre ne permet pas d'atteindre une sorte de super-pouvoir, mais de découvrir la capacité déjà présente dans la structure du cerveau. Alors équipé de cette compétence, votre esprit ne sera plus perturbé par les phénomènes extérieurs et pourra alors séparer les faits des interprétations subjectives. C'est pourquoi de nombreux sages disaient, « les hommes ont déjà tout ce dont ils ont besoin ». Tout le monde peut atteindre la Conscience Dk en croyant en leur capacité de pouvoir voir les choses plus clairement.

Dans le chapitre suivant, je vais expliquer comment entrainer et améliorer cette capacité.

[2]*Catharsis : Catharsis signifie (selon Aristote, la purification de l'âme délivrée de ses passions chez le spectateur.*

CHAPITRE 4

Le début de la conscience DK

Faire la distinction entre les faits objectifs et les interprétations subjectives

La conscience Dk signifie pouvoir voir l'essence des objets externes avec clairvoyance. Son but est de pouvoir contrôler son esprit en s'observant avec un autre point de vue. Comme expliqué dans le chapitre précédent, le cerveau humain est déjà capable d'une telle conscience. Cependant, nous n'avons pas encore abordé comment l'utiliser. Dans ce chapitre, nous allons expliquer comment utiliser la conscience DK pour gagner en discernement. Nous avons déjà abordé les termes « faits objectifs » et « interprétations subjectives ». La clé de la conscience DK est de pouvoir faire la distinction entre les deux et de clarifier les faits objectifs. C'est seulement sous ces conditions que l'esprit ne sera pas détourné par des phénomènes externes ou affectés par la peur ou l'anxiété. Le but final de la conscience DK sera d'atteindre ce qui s'appelle *Dharmameghasamadhi*, le plus haut état de Samādhi[1], au quotidien.

Imaginez que vous manquez tout juste de vous faire renverser par une moto qui est apparue soudainement pendant que vous traversiez la route. Vous vous sentez effrayé et également soulagé que personne n'ait été blessé. Vous vous énervez ensuite envers le motard qui a brûlé le feu rouge. Le seul fait objectif ici est que le motard a brûlé le feu. Les sentiments de choc, soulagement, colère, ou la pensée, « le motard a fait quelque chose de mal » sont toutes des interprétations subjectives. Si votre esprit est calme, ces sentiments ne vous feront par réagir.

La remontée de Park Sang-young à l'épée dans les tous derniers moments de la compétition d'escrime des Jeux Olympiques de 2016 à Rio est un grand exemple de la comparaison entre faits objectifs et interprétation subjective. Park perdait 10 à 14, et il ne lui restait que 2 minutes à combattre dans sa finale contre le Hongrois Imre Géza. Perdre un point de plus signifiait la perte de la médaille d'or, et puisque les escrimeurs peuvent marquer simultanément un point en se touchant tous les deux en même temps, ses chances étaient encore plus réduites. Il a cependant réussi l'exploit de marquer 5 touches consécutives, et devint ainsi le premier médaillé d'or coréen à l'épée. Voici le détail de ses 5 dernières touches.

Le 11e point est marqué en touchant le bras de l'adversaire après une parade.

[1]*Samādhi : Samādhi est un terme utilisé dans la philosophie indienne et bouddhiste. Il signifie ici un état profond de concentration de l'esprit (il ne s'agit pas de la concentration ordinaire, utilisée pour effectuer des tâches intellectuelles).*

Le 12e point est marqué après une parade en octave

Le 13e point est marqué avec une remise.

Le 14e avec une octave.

Le 15e est marqué grâce à une fente après une feinte rapide.

Si vous regardez les vidéos de ce match, vous ne pourrez pas discerner de peur ou d'anxiété chez Park. Il a l'air au contraire léger, avec des déplacements efficaces. Le dernier point sera d'ailleurs marqué à l'aide d'une technique très basique. Pendant son interview, le journaliste lui demanda à quoi il pensait pendant ce match, et il répondît qu'il essayait juste de prendre du plaisir. Il ajouta que personne ne peut rivaliser avec quelqu'un qui s'amuse. Combien de personnes pourraient rester concentrées et réellement apprécier leur match dans des moments comme celui-ci ? A moins d'avoir des nerfs d'acier, on peut facilement se retrouver débordé par des pensées comme « il n'y plus assez de temps », « je vais perdre le match si je perds ce point, dois-je attaquer ou pas ? ». Et finalement se tendre, et perdre sans avoir pu sortir un seul mouvement correct.

Dans les jeux olympiques où se défie l'élite mondiale du sport, le facteur décisif n'est pas la supériorité physique, la quantité d'entraînement ou la technique. Etre sélectionné pour les J-O est la preuve suffisante que vous êtes un athlète exceptionnel. Ce qui va faire la différence dans les moments importants c'est à quel point le sportif est absorbé par ce moment. Celui qui est en contrôle complet de son esprit et n'est pas perturbé par les circonstances extérieures sera le vainqueur. Dans l'exemple de Park Sang-young, le seul fait objectif est qu'il reste 2 min au match, avec 10 points marqués par Park Sang-young et 14 par Imre Géza. Même si les deux escrimeurs sont au même endroit, ils ont deux interprétations subjectives différentes de ces faits. L'interprétation subjective de Imre Géza à probablement beaucoup changé pendant ces 2 minutes : « Si je marque encore un point, je gagne

», « J'ai peur de perdre d'un point ». Et en effet, ses mouvements sur la fin de match sont devenus tendus et instables, comme sa confiance.

A l'inverse, Park s'est immergé dans le match, en essayant de l'apprécier au maximum, dans le moment présent, sans interprétation subjective, mais tout en restant conscient du temps restant et de la situation objective à savoir le retard de quatre points. A ce moment là, il n'a pas d'interprétation subjective comme « je perds », ou « j'ai peu de chance de gagner ». Il effectue juste des actions sans penser à « lui », et finit par gagner le match.

Comment s'immerger dans le moment présent comme l'a fait Park ? En entraînant l'esprit à voir clairement les faits objectifs plutôt que les interprétations subjectives. Il faut d'abord faire attention à ce qu'on appelle l'immutabilité, les faits objectifs s'appliquent à tous et ne changent jamais. C'est comme un phénomène naturel qui est différent des émotions.

L'interprétation subjective quant à elle, varie en fonction de la personne. Le fait qu'il pleut dehors est objectif, mais se sentir « heureux », « triste », « revigoré », « ennuyé » parce qu'il pleut est entièrement subjectif.

On imagine que tout le monde perçoit la même chose de la même façon. Mais en vérité, si on met cent personnes devant le même fait, il y aura cent façons de le percevoir, avec cent interprétations subjectives. Buddha a existé en tant que personne. C'est une vérité objective, mais on trouve des centaines de représentations de Buddha différentes, dues aux différentes visions que les gens avaient de lui.

Certains verront un mendiant en se disant « Qu'il est sale », « j'en ai marre de le voir », alors que d'autres iront vers lui pour l'aider ou sympathiser. Pour certains, ce mendiant pourrait très bien être leur père, mari, ou fils. C'est ici le même mécanisme. C'est un fait objectif qu'il y a un mendiant assis sur le trottoir, mais il existe autant d'interprétations que de personnes qui lui passent devant. Ils évaluent cette situation externe en se servant de mémoires et expériences accumulées tout au long de leur vie. Or ces expériences sont toutes différentes, et ils interprètent la situation selon leurs propres références.

Les problèmes arrivent quand les interprétations subjectives sont prises pour la vérité, et floutent le jugement et les actions.

Cet exemple est extrême. Supposons qu'un homme près de vous fronce les sourcils en vous regardant. La vérité est qu'il fronce les sourcils parce qu'il a mal au ventre et qu'il a croisé votre regard justement à ce moment-là. Si vous avez ensuite une confrontation avec lui sous prétexte « qu'il vous a mal regardé », c'est bien que votre vision de la situation était floue et résulte d'une réaction impulsive basée sur votre subjectivité. Si votre vision avait été plus claire, vous auriez évité une situation comme celle-ci.

Un comportement comme celui-ci peut être comparé à une forme de trouble mental, un complexe d'infériorité ou un désordre de la personnalité. Les comportements et réactions sont ici dictés par des pulsions, ce qui peut amener à vous blesser, vous ou les autres.

Il est donc primordial d'avoir une vision claire avant d'émettre des jugements ou d'agir. C'est le seul moyen de voir le monde comme il est et de se libérer de ces perturbations extérieures.

CHAPITRE 5

Mettre de côté les interprétations

Seul l'esprit est changeant

L'interprétation subjective implique de comprendre le monde extérieur à travers les cinq sens. L'eau glacée peut être ressentie différemment suivant la saison, été ou hiver. Bien que l'eau glacée soit un fait établi, son interprétation peut différer. « C'est trop froid », « c'est trop chaud ». En fonction de la personne et des circonstances, on entendra une interprétation différente.

On pourrait faire l'exercice suivant : tremper une main dans l'eau glacée, l'autre main dans de l'eau très chaude puis ensuite plonger les deux mains dans l'eau à température ambiante. Les deux mains sentiront la température de façon différente. La main glacée trouvera d'un coup l'eau chaude et l'autre main trouvera la température plus froide. De la même façon, ce que nous ressentons dans notre corps n'est pas absolu mais relatif, et la perception de ces sensations ne sont bien souvent que des interprétations subjectives.

C'est uniquement lorsque l'on commence à voir les informations des cinq sens et les émotions clairement avec la conscience DK, que l'on réalise que la peur, par exemple, n'est qu'une interprétation. Ainsi, comme une révélation, la subjectivité disparaît comme neige au soleil. La seule chose sur laquelle nous puissions agir est de tenter de faire la distinction entre les faits et les interprétations avec la Conscience DK.

C'est ainsi que l'on saura exactement ce que l'on doit faire pour changer. Accepter votre interprétation des faits sans réellement connaître les faits est comme cuisiner avec du sable. C'est impossible. Vous ne pouvez changer les faits, malgré tous vos efforts, mais l'interprétation que vous en faites dans votre esprit peut être changée. Le vrai changement apparaît uniquement quand vous changez votre propre état d'esprit. C'est seulement en ayant une vision claire du monde extérieur basée sur la Conscience DK, que vous commencerez à réellement changer.

Toute action prend racine dans la pensée, et la pensée vient des profondeurs du subconscient. En reconnaissant le subconscient comme la base de toute pensée, on peut commencer à faire la distinction entre phénomènes externes, comportementaux et pensées, et y devenir moins sensible, pour finalement pouvoir changer son comportement.

Quand une peur surgit chez vous, vous devez d'abord avoir assez de recul pour pouvoir vous dire « j'ai peur maintenant » ; et comprendre que ce n'est pas un fait, mais uniquement l'interprétation d'un fait. Après avoir démêlé les faits de l'interprétation, demandez-vous d'où vient cette interprétation. Est-ce une simple réponse « combat ou fuite »[1] ? Ou bien avez-vous « vécu une expérience similaire dans le passé ? » L'interprétation disparaît lorsque vous comprenez que c'est vous qui attirez l'émotion. Lorsque seul reste le fait, l'esprit se calme petit à petit, l'action devient naturelle, et vous pourrez rester dans le moment présent en paix et atteindre Samādhi, un état de méditation profond.

Néanmoins, la conscience DK n'arrive pas juste en ayant ces connaissances théoriques. Vous devez l'appliquer, constamment, dans toutes les petites choses de la vie du quotidien, pour vraiment l'assimiler. Soyez conscient des interprétations de votre esprit, et demandez-vous si cette interprétation représente les faits. Si vous ne trouvez pas de faits, demandez-vous d'où vous vient cette interprétation.

En vérité, ce n'est pas si facile à maîtriser et vous devez constamment vous entrainer à la conscience DK pour en faire une habitude. Imaginez que vous avez un garde dans votre tête qui vous protège des interprétations et des points de vue biaisés. Moi-même je suis une personne comme une autre qui fait de temps en temps l'erreur de tomber dans l'interprétation et qui tente de rester éveillé avec la Conscience DK jour et nuit.

Un vieux proverbe disait : « Je ne sais pas comment on a fait aujourd'hui, mais on aura du mal à le faire demain ». Il faut rester attentif à regarder, penser, parler et agir en se basant sur des faits objectifs.

Puis petit à petit l'esprit sera libéré des causes de ses souffrances, et deviendra libre.

Cela commence en mettant de côté les interprétations.

[1]*Combat ou fuite : La réponse combat-fuite a été décrite pour la première fois par le psychologue américain Walter Bradford Cannon. Il explique que la réaction animale face aux menaces accompagnée d'une décharge générale du système nerveux orthosympathique, prépare l'animal à un combat ou une fuite.*

CHAPITRE 6

Trouver l'ennemi à l'intérieur

Votre attitude envers le monde

Vos émotions négatives se créent ainsi :

D'abord, vous percevez un évènement extérieur.

Puis, vous modifiez ce fait avec une interprétation subjective.

Enfin, vous oubliez le fait et vous vous accrochez à cette interprétation.

La cause de toute émotion négative reste son interprétation subjective. Bien que la situation existe en tant que fait, votre interprétation en fausse la factualité. Vous devez savoir que la racine de toute émotion négative n'est jamais due à l'événement factuel mais à votre subconscient.

On pourrait dire : « il est inévitable que des circonstances négatives apparaissent puisque la situation de départ est négative ».

L'événement est seulement un fait, mais son interprétation peut changer à n'importe quel moment. Si l'événement était réellement l'unique cause d'une émotion négative, alors tout le monde devrait subir une même émotion négative face à ce même évènement. Or, ce n'est bien sûr pas le cas. Devant la même situation, certaines personnes réagiront sans interprétation en se focalisant uniquement sur les faits.

Le sociologue Erich Fromm (1900-1980), dans son livre La peur de la Liberté, paru en 1941, ne condamne pas les Nazis, alors qu'ils massacraient les Juifs et que lui-même était Juif. Il tentait plutôt de les comprendre en tant qu'êtres humains. Il pensait bien évidemment que la guerre et les massacres commis par les Allemands étaient atroces, mais que cela ne constituait pas une raison pour condamner tous les Allemands, puisque beaucoup d'entre eux suivaient les ordres par peur d'être rejetés de leur société. Dans certaines tribus, la punition la plus grave consiste à être expulsé de la communauté et envoyé seul dans la jungle. Ceux qui ont été expulsés finissent généralement par mourir, si bien qu'ils comparent ce bannissement à la mort.

Parmi les Allemands Nazis se trouvaient également des pères de familles dévoués à leur foyer. Mais une fois à l'extérieur, ils ne devenaient que des individus faibles qui ne pouvaient que suivre les directives perverses de cet esprit collectif, et se forcer à faire des choses contre leur volonté. C'est un concept à l'inverse de la pensée courante sur les Allemands nazis.

Prenons maintenant comme exemple *« Reflections from Prison »* (1998) de Shin yeong-bok. Ce livre regroupe les lettres et cartes postales que l'auteur écrivit à sa famille pendant vingt ans depuis la prison où il avait été envoyé pour avoir pris part dans les mouvements révolutionnaires de 1968 en Corée. Cet extrait montre clairement son approche humaniste.

Les gens disent qu'il est plus facile de survivre à un été en prison que de passer un hiver libre à dormir dehors. Nous les prisonniers, choisirions d'être emprisonnés en hiver plutôt qu'en été si on le pouvait. L'été nous en venons à détester nos camarades emprisonnés avec nous. Dans une cellule minuscule ou l'on a à peine la place de dormir sur le dos, votre camarade de chambre ne ressemble à rien d'autre qu'un tas de viande de 37°C. C'est la plus horrible des punitions. L'hiver, à l'inverse, se développe une forme d'amitié primitive où nous partageons la chaleur de nos corps pour survivre au froid glacial. C'est terrible d'avoir quelqu'un si proche de vous, et pourtant de le détester, tout en sachant qu'il vous déteste.

Shin trouvait tragique le fait de se sentir haï en la présence d'autres personnes. Il aurait pu blâmer les autres et sa situation, mais il comprenait la situation avec son amour pour les autres et se sentait désolé que son esprit le pousse ainsi vers la haine de l'autre. Erich Fromm et Shin Yeong-bok se sentaient complètement différents des autres alors qu'ils subissaient eux-mêmes l'adversité. Ils étaient libres de ces pensées négatives imposées par les autres simplement parce qu'ils ont pu laisser de côté les interprétations et juste voir les faits. Comme ces exemples l'indiquent, les choses du passé ne peuvent être changées, mais en changeant son état d'esprit, on peut gagner un tout nouveau point de vue. C'est pourquoi il est inutile d'essayer de changer les faits mais plutôt de changer son interprétation.

Supposons que vous laissiez un verre vous échapper et qu'il se brise sur le sol par accident. Vous commencez à vous énerver. Ici, le seul fait est que le verre est brisé. Puisque cet évènement appartient au passé, vous ne pouvez pas le changer. Souvenez-vous que votre agacement causé par le verre brisé n'est pas la vérité. Il découle de votre interprétation. Cette émotion peut changer en changeant votre état d'esprit, même si la situation factuelle n'a pas changé. Par conséquent, n'essayez pas de changer le fait, mais plutôt de changer votre interprétation.

Un homme visite l'Enfer. Il voit tout le monde autour d'une table avec une cuillère dans la main, mais avec les bras attachés de sorte qu'ils ne peuvent pas plier les coudes. Devant eux se dresse une table remplie de toutes les nourritures possibles. Mais, avec les bras bloqués en position tendue, ils n'arrivent jamais à amener la nourriture à leur bouche. Ils finissent par devenir fous et mourir de faim.

Puis l'homme visite le Paradis. Là aussi, les gens sont autour d'une table, une cuillère à la main, les bras attachés de la même façon. Mais là, ils ont tous l'air heureux et satisfaits. Pourquoi ?

Parce qu'au lieu d'essayer de se nourrir eux-mêmes, ils nourrissaient les uns les autres. Ainsi tout le monde mangeait.

Cette histoire montre l'importance de l'esprit et de son attitude envers les faits présentés. La situation externe, factuelle, ne peut être changée, mais l'attitude peut l'être. Nous devons donc changer notre état d'esprit et essayer de regarder la situation de façon claire. N'oubliez pas que c'est votre interprétation et pas les faits qui doivent essayer de changer avec la conscience DK.

Un Fait existe. Comme il est. Quand l'esprit n'est plus affecté par les faits, nous nous libérons instantanément. C'est le but de la Conscience DK, et l'essence de l'entraînement à la pleine conscience. N'essayez pas de changer les faits, mais de changer votre état d'esprit après ces faits.

Ce qu'il y a à savoir est une chose,
et ce que l'on sait en est une autre.

CHAPITRE 7

La Conscience DK et l'esprit intrépide

Entrainer l'esprit

Il faut du temps pour que l'esprit devienne fort et dur comme un diamant. On doit entrainer l'esprit en appliquant la conscience Dk au quotidien. Entrainer l'esprit nourrit sa force et son courage et facilite la vision claire des faits sans perturbation. C'est seulement lorsque la vision claire est atteinte que l'on peut être pleinement présent.

L'entraînement de l'esprit devrait continuer tant qu'il ne reste pas calme, et cela peut durer toute une vie. On peut même se demander jusqu'où l'entraînement peut aller. Bien sur le but est de pouvoir entrainer l'esprit jusqu'à ce qu'il puisse rester calme en toutes circonstances et pas perturbé par la peur. Au minimum, vous devriez pouvoir devenir conscient de vos peurs et anxiétés immédiatement et capables de vous focaliser sur le présent pour vous y plonger.

En utilisant la conscience DK on doit pouvoir être conscient des perturbations de l'esprit causées par l'interprétation. C'est seulement à ce moment que l'on pourra raisonner sur une base calme et flexible pour trouver une solution à chaque situation. Tout comme la confusion de l'esprit crée des émotions négatives, l'excitation et les plaisirs sont créés par des interprétations, et au même titre doivent aussi être séparées. Comme un vieux proverbe le dit ; « le Bien vient avec le Mal ». Lorsque quelque chose de bon se passe, l'excitation qui se crée peut mener à faire des erreurs.

Un autre proverbe dit ; « Etre insouciant ruine tout. Si on garde prudence dès le départ, il n'y aura pas de regrets dans le futur. » Quand vous travaillez sur un projet important, vous devez vous focaliser sur les faits et abandonner vos interprétations pour que votre esprit reste concentré. L'excitation est aussi une perception faussée et non un fait. Pour pouvoir observer sans confusion, vous avez besoin d'un esprit fort et courageux. Quand l'esprit est faible, vous aurez peur des événements externes en dépit de vos tentatives pour appliquer la conscience DK. Cela vous empêchera de voir les faits et causera de la confusion. Par conséquent, il vous faut renforcer votre esprit.

Yu Dayou (1503-1579), un général Chinois de la dynastie Ming, était connu pour être un grand stratège militaire qui a défait les assauts Japonais à de nombreuses reprises. C'était également un grand artiste martial et un expert dans la maitrise de nombreuses armes. Yu disait qu'un bon soldat doit avoir des compétences martiales excellentes mais aussi du courage. Il s'est alors entraîné à ne plus avoir peur des fantômes, une peur alors très répandue à cette époque. Au milieu de la nuit, il gravissait une montagne remplie de tombes et laissait des morceaux de pains sur ces tombes, seulement pour les prendre en redescendant.

Park Se-ri, une golfeuse Professionnelle Coréenne, est également connue pour s'être entraînée au golf dans un cimetière, sur les conseils de son père, pour développer un mental sans peur et solide. En suivant son exemple, un autre golfeur célèbre Jiyai Shin, a adopté cet entraînement. Ils sont ensuite devenus des joueurs exceptionnels qui pouvaient rester calmes en toutes situation de jeu. Les archers coréens sont également connus pour avoir un entraînement intensif et un mental sans peur. Armés de ce mental, ils sont rapidement devenus parmi les meilleurs archers mondiaux. Un esprit calme est un prérequis en archerie, où le moindre doute se retranscrit par une mauvaise flèche plusieurs dizaines de mètres plus loin.

En vérité, un esprit solide est la base de toute activité.

De la même façon que le courage et l'intrépidité sont des qualités requises dans tous les sports, elles sont aussi essentielles à la conscience DK. Même si on aimerait suivre les mêmes entraînements que les athlètes de haut niveau, il faut bien avouer que c'est difficilement envisageable dans notre quotidien. On peut néanmoins toujours atteindre un esprit inébranlable en essayant de clarifier les faits et les interprétations et en étant conscient des mouvements de l'esprit au quotidien.

Tout ce qu'il se passe à partir de maintenant peut être une opportunité d'entraîner l'esprit. Persistez, et vous aurez un jour un esprit solide et fort comme le diamant.

Un acte et celui qui commet cet acte
sont deux choses différentes.

CHAPITRE 8

Se débarrasser des vieilles habitudes

Une action commence dans l'esprit

Samuel Z. Klausner a résumé en quatre catégories ce qui pouvait être contrôlé par les Hommes : le comportement, et les pulsions physiologiques, cognitives et émotionnelles. Ce sont des émotions internes et des actions externes. Mais ce sont surtout des interprétations, et nous avons reconnu que les Hommes sont capables d'avoir le contrôle de leurs interprétations.

Il est facile de comprendre que ce qui se crée dans l'esprit est une interprétation, mais il peut être compliqué d'arriver à identifier comme interprétation des pensées créées par le physique, comme par exemple « c'est dur », ou « je suis fatigué ». Il faut comprendre que ces phénomènes que l'on ressent dans le corps viennent aussi de l'esprit. Voici une anecdote à ce sujet.

Durant la période Joseon[1], Kyong Heo, un célèbre maître Zen, connu pour avoir relancé le Bouddhisme Zen en Corée, mais également pour son excentricité, et son jeune disciple Mangong, ont reçu un jour une très grosse donation en riz. Bien qu'ils furent très heureux de cette riche donation, elle était difficile à transporter sur le chemin du retour. Alors que Mangong se plaignait du poids auprès de son maître, Kyong Heo, embrassa soudainement une femme qui se tenait là dans le village. En un rien de temps, tous les villageois foncèrent vers eux, brandissant des bâtons et criant « Attrapez ces vauriens ! ». Les deux moines prirent la fuite et se retrouvèrent hors du village.

Kyong Heo demanda alors à son disciple : « Est-ce que le riz te parait encore lourd ? ». Mangong répondit : « Eh bien, j'étais tellement distrait que je ne sais même pas comment j'ai pu arriver ici en me sentant si lourd ». « Tu as bien raison. Sans une pensée lourde, ce que l'on porte s'allège, » termina Kyong Heo.

Cette anecdote montre que la douleur ou l'inconfort de notre corps n'est pas un fait objectif mais une interprétation dépendante de notre point de vue. Une douleur physique dure rarement toute une journée et est souvent oubliée dès que l'attention se tourne vers d'autre choses. C'est la même chose avec les désordres mentaux.

Ce Haïku[2] cite :

Une plage de sable blanc sur une petite île de la Mer à l'Est
J'étais trempé de larmes alors que je jouais avec un crabe.

Un crabe, écrit par Takuboku Ishikaaw (1886-1912)

[1]*Période Joseon : Période de l'histoire de la Corée au cours de laquelle le pays fut gouverné par la dynastie Joseon, parfois appelée dynastie Yi, une dynastie de rois coréens qui occupa le trône de 1392 à 1910*

[2]*Haiku : Un haïku est un poème extrêmement bref visant à dire et célébrer l'évanescence des choses*

Le poète écrit qu'il est venu sur la plage pour se suicider, mais il se laisse emporter par les actions d'un crabe est oublie pourquoi il était venu. Nos sens et nos émotions sont des interprétations, et nous devons les voir clairement avec la conscience DK pour éviter la confusion.

Pour distinguer les faits et les interprétations à chaque moment, il est nécessaire d'être conscient de notre état d'esprit au moment présent. Par exemple au travail, le fait objectif est que vous êtes en train de travailler. Mais votre résistance à vous y plonger pleinement, les pensées négatives à l'égard de votre travail, la fatigue et la lassitude que vous ressentez, votre envie de faire autre chose sont toutes des interprétations qui font dériver les faits. Nous devrions reconnaitre les interprétations subjectives et nous débarrasser en débarrasser, car elles voilent les faits.

D'abord, il faut clarifier les faits et les interprétations, et ensuite identifier d'où vient cet état d'esprit. Observez. Voyez si vos pensées négatives viennent de la jalousie, si vous vous sentez fatigué de fuir le présent, si vous évitez les efforts en gâchant votre temps dans des désillusions. A la façon de *Sherlock Holmes*, faites votre enquête, observez-vous, en prenant de la hauteur.

Après avoir trouvé la cause d'un état, pensez. Vous devez penser « Ces pensées ne viennent pas de moi, ce sont seulement des interprétations » et les laisser tomber. Laisser tomber une pensée parait peut-être abstrait. Parlez-vous de façon claire et concrète. « Ce sont des interprétations, qui ne sont pas à moi, et je les jette. » Ainsi, elles partiront. C'est comme une pièce très sombre qui a toujours été dans l'ombre et qui s'illumine complètement dès qu'on allume une bougie.

Mais les interprétations subjectives repoussent dès qu'on les arrache. Prenez soin de les traiter comme c'est expliqué plus haut, dès que vous les voyez pousser. Ne les ignorez pas, ou elles se répandront petit à petit comme de la mauvaise herbe.

Il y a des cas où il sera trop difficile de laisser tomber une interprétation, et dans ce cas il sera suffisant de l'observer avec distance. Comme si on la regardait chez quelqu'un d'autre. Pas de combat, ou de lutte. Cette pensée a peut-être seulement besoin qu'on la considère. Regardez-la sous tous les angles, sérieusement mais aussi avec bienveillance, un peu comme un parent s'occupe de la colère de son enfant. Regarder une pensée en silence donne souvent plus de résultats que d'essayer de la réparer ou de l'ignorer.

Si vous observez une pensée depuis une certaine distance, sans l'attirer ou être attiré par elle,elle finit par s'évaporer. Observer une pensée dure une ou deux minutes tout au plus. Plus on s'entraîne, plus on s'améliore. Cette compétence est une ressource primordiale pour atteindre la conscience DK.

Apprendre la pratique de la conscience DK est simple, l'appliquer l'est moins. Il est difficile de devenir conscient des mouvements de l'esprit et de les apprivoiser. Les vieilles habitudes ont la vie dure. Beaucoup de sages disent qu'après une révélation, il est difficile de maintenir un état d'éveil, et qu'il faut continuellement cultiver cet état. La conscience Dk s'apprivoise au quotidien, jusqu'à ce qu'on puisse extraire les mauvaises habitudes. Ensuite, on pourra regarder dans son esprit et devenir conscient de ses mouvements.

Prenez l'habitude d'observer vos envies d'agir qui viennent d'interprétations subjectives en analysant votre esprit, même lors de petits évènements.

J'espère sincèrement que vous atteindrez la tranquillité de l'esprit avec la conscience DK, enraciné dans les faits, sans être emporté par les évènements et que le champ de votre cœur sera rempli de belles pousses de riz d'or, plutôt que de mauvaises herbes.

CHAPITRE 9

Le but ultime de la Conscience DK

Atteindre l'état de détachement

Quel est le but ultime de la Conscience DK ? D'appréhender les phénomènes externes en ayant une vision claire et en faisant la distinction entre les faits et les interprétations pour pouvoir rester dans un état de Samādhi constant.

Mais cela va plus loin. Cet état va nous permettre de gagner en détachement, et d'avoir accès à une nouvelle vision.

Alors comment rester en Samādhi au quotidien ? Par exemple, je viens de m'asseoir pour écrire ce livre. Des pensées commencent à venir interférer. Le bruit au dehors, l'envie de me lever pour prendre un café alors que je n'en ai pas forcément envie. Les pensées comme « ce que j'écris me plaît » ou bien « écrire est un exercice difficile » m'empêchent de me concentrer pleinement.

Maintenant, si j'observe ces faits avec la conscience DK, je réalise que ces interprétations ne sont pas utiles à l'écriture. Qu'importe les pensées qui viennent, je me concentre sur le fait que j'écris, puis les interprétations disparaissent petit à petit. Quand je m'immerge dans l'écriture, le bruit disparaît et puis reste seulement l'acte, basé sur le fait. Maintenant, les phrases arrivent et me surprennent. Dans cet état, je ne me soucie pas d'avoir des difficultés à écrire. Les idées viennent naturellement dans la sérénité de l'esprit, en Samādhi, comme un calligraphe qui peint d'un coup de pinceau.

Lorsque l'on s'immerge dans un acte avec un esprit calme, on peut naturellement atteindre l'état de Samādhi. Dans cet état, on peut continuer à agir sans efforts. Tout ceci est possible parce que l'esprit est libre des interprétations par la conscience DK. Par conséquent, nous devons comprendre que les pulsions et pensées qui interfèrent avec notre projet nous viennent de nos interprétations.

Takuan Soho (1573-1645), un des maîtres Zen les plus renommés de la période Edo au Japon, explique que grâce à une telle concentration, l'état du Zen et l'épée ne font plus qu'un. Dans l'explication qu'il livre à Musashi Miyamoto[1], son disciple et épéiste légendaire, il cite :

« L'envie de gagner est une maladie. Tout comme l'envie de démontrer sa force ou ses compétences à l'épée. De même que l'attente de se débarrasser de cette maladie est une forme de maladie. Ici maladie veut dire 'Un esprit confus et emmêlé'. Notre esprit est plein de ces maladies, et nous devons nous en libérer pour clarifier nos esprits. »

[1]*Musashi Miyamoto de son vrai nom Shinmen Bennosuke, né le 12 mars 1584 à Harima et mort le 13 mai 1645 à Higo est l'une des figures emblématiques du Japon, maître bushi, calligraphe, peintre reconnu, philosophe et le plus célèbre escrimeur de l'histoire du pays.*

La maladie dont il parle est bien l'interprétation. L'envie de gagner, la jalousie, le regard des autres, et même l'envie de se libérer des interprétations, sont toutes des interprétations. Sans être libre de ces maladies, la concentration sur l'épée sera perturbée, et le Zen et l'art de l'Épée ne seront pas unifiés. Takuan Soho insiste donc sur l'importance de se libérer de ces maladies pour atteindre le détachement.

C'est la même approche que la conscience DK. La paix de l'esprit peut être atteinte qu'en laissant tomber les interprétations et en faisant face aux faits. Si l'esprit peut rester silencieux pendant douze secondes durant une activité, elle atteint un état de concentration. Si l'esprit reste silencieux pendant deux minutes trente, il atteint l'état d'immersion. Si l'esprit reste calme pendant trente minutes, il atteint l'état de Samādhi. Et s'il reste en Samādhi pendant six heures, il atteint l'état de détachement, l'union du Zen et de l'art de l'épée, où l'on oublie notre personne et ses actions.

Le but de la conscience DK est d'atteindre le détachement en laissant tomber les interprétations et de pouvoir continuer son activité. Dans le Dào Te Jing[2] il est dit, « Ne forcez rien mais découvrez la nature des choses ». Quand vous vous immergez dans le flot naturel d'une action, vous pourrez atteindre le plus grand état de détachement, et ainsi gagner l'absolue puissance de « faire sans faire. »

[2]*Le Dao de jing, parfois écrit Tao te king, ou Tao te ch'ing est un ouvrage classique chinois qui, selon la tradition, fut écrit autour de 600 av. J.-C. par Lao Tseu, le sage fondateur du taoïsme*

CHAPITRE 10

Le désir d'être parfait

La recherche du Soi

Tous les êtres humains vivent avec les lois de la nature de la naissance à la vieillesse, avec la maladie et la mort. Ils sont en revanche libres de leurs choix et peuvent apprendre à résister aux forces qu'ils subissent.

Les humains ne sont pas pourvus de crocs ou de griffes mais produisent des armes comme des lances, des épées et des armes à feu. Ils n'ont pas d'ailes comme les oiseaux, mais volent grâce aux avions. Ils ne peuvent courir aussi vite que les chevaux, mais ils peuvent se déplacer plus vite que tout animal en utilisant voitures et trains. La condition physique des humains est plus faible que celle de certains animaux, mais ils dépassent cette condition grâce à leur volonté, et sont devenus ainsi les prédateurs ultimes et les maîtres sur Terre.

Les hommes ont aussi la volonté de dépasser la naissance et la mort. Les avancées médicales ont prolongé de façon remarquable l'espérance de vie, et les avancées dans le domaine de la science ont aussi révélé les causes du vieillissement et de la mort, notamment grâce aux recherches sur les télomères et l'oxygène actif. L'être humain joue aussi à Dieu, en essayant de recréer des organes ou de cloner des animaux. Les animaux clonés ont une durée de vie extrêmement limitée en comparaison avec leurs congénères, en plus des problèmes éthiques qu'une telle pratique soulève. C'est pourquoi cette technologie n'est pas appliquée aux humains. Mais si ces problèmes sont résolus, on peut imaginer à l'avenir que l'être humain appliquera ces méthodes. Les êtres humains ont toujours rêvé d'être à l'égal de Dieu, des êtres parfaits, avec la vie éternelle. Les hommes sont imparfaits et rêvent de la perfection. C'est un des désirs fondamentaux de l'Homme. Dans « le Banquet » de Platon (427 – 347 av-JC), on peut lire ceci :

« Au commencement il existait trois créatures – un Homme, une Femme, et un Hermaphrodite. Les Hermaphrodites étaient aussi puissants et sages que Dieu, et Dieu les coupa donc en deux parties. Depuis, les Hermaphrodites souffrent toute leur vie du manque de leur moitié ».

Le psychologue Carl Gustav Jung (1875 – 1961) pensait également que l'Homme possède à la fois masculin et féminin en lui, et que son désir d'être parfait vient du désir d'unir ces deux extrêmes, tout comme les Hermaphrodites cités par Platon. Pour être parfait, non seulement physiquement mais mentalement, les êtres humains ont compris qu'ils devaient en apprendre plus sur eux-mêmes, et entrainer leurs esprits. Ils ont ainsi développé plusieurs méthodes.

L'ennéagramme, est un modèle utilisé depuis 2000 av J-C, et qui regroupe les êtres humains autour de trois pôles : Corporel (Instinctif), Émotionnel (Sentiment), et Mental (Pensée) ; il les répartit plus précisément entre neuf types, chacun avec les avantages et « inconvénients » dus à leur personnalité.

Ce modèle explique également comment se manifestent les avantages et inconvénients de chaque personnalité face à une situation. La situation peut être objectivement la même, chaque personne de type différent y réagira différemment. Le but de l'ennéagramme est de pouvoir se connaitre de façon complète. Les êtres humains veulent transcender leurs capacités naturelles, accentuer les avantages, et équilibrer les désavantages, pour évoluer et devenir des êtres complets. C'est bien là la poursuite de la perfection de Soi.

Le même principe s'applique au MBTI[1]. Ce test est divisé en seize personnalités, et quatre types : Roi, Guerrier, Amant et Mage. Ce test, tout comme l'ennéagramme, vise à aider l'être humain à trouver l'équilibre en apprenant des autres êtres humains qui possèdent des tempéraments différents. Dans le Shintoïsme du Japon ancien, on considérait qu'une âme se constituait de quatre personnalités ; *Aramitama* (sauvage, grossière, indomptable), *Nigimitama* (harmonieuse), Sachimitama (heureuse), et *Kushimitama* (mystérieuse, magique, puissante). Chacune de ces quatre personnalités représente le Courage, L'affinité, L'affection, et le Jugement. Chaque être humain naît avec une de ces qualités, et se remplit grâce à d'autres êtres possédant les qualités opposées. Ainsi, il devient complet.

[1]MBTI : Myers Briggs Type Indicator, test de personnalité inspiré des travaux de Jung. Yi Jing : prononcé en français i ting, est un manuel chinois dont le titre peut se traduire par « Classique des changements »

En Occident, Daniel Nettle explique dans son livre *Personality : What Makes You the Way You Are*, qu'il existe cinq personnalités immuables chez l'Homme : l'Extraversion, le Neuroticisme, l'Intégrité, l'Affinité et l'Ouverture. Cela reste similaire à l'exemple précédent en termes de catégorisation des personnalités humaines et de la poursuite de la perfection.

Dans la philosophie Orientale, le Yi Jing est un terme conceptuel qui décrit que le destin d'une personne peut être déterminé au moment de sa naissance. Il explique que le destin peut être amélioré grâce au médecines orientales, au Feng shui ou à un couple harmonieux.

Tous ces exemples nous apprennent que la culture importe peu. L'être humain partage un désir de dépasser ses imperfections de naissances et de devenir un être complet et parfait. Malheureusement, ces désirs de perfection, d'être à l'image de Dieu, ne sont qu'une preuve que l'être humain a une vision confuse de Dieu. C'est une vision infantile, comme si l'on souhaitait devenir un super-héros.

L'être humain recherche la perfection dans l'espoir de combler le vide intérieur créé par la peur d'être incomplet. Mais en faisant ainsi, il ne se libérera jamais de la douleur puisque tous ses efforts sont une recherche vaine vers l'extérieur pour récupérer un semblant d'équilibre intérieur.

C'est comme essayer de garder l'équilibre sur une planche instable. On devrait plutôt sauter de la planche une bonne fois pour toute. Les Hommes n'échapperont pas à la souffrance en rattrapant leurs imperfections, mais se libéreront seulement en voyant qu'ils portent eux-mêmes leurs souffrances.

Un enfant rend visite à sa grand-mère, et la trouve en train de chercher quelque chose sur le sol. Quand l'enfant lui demande ce qu'elle cherche, elle lui répond, « Je cherche une aiguille que j'ai perdu ». L'enfant se joint alors à elle pour l'aider, en vain. Au bout d'une trentaine de minutes, l'enfant demande à sa grand-mère : « Es-tu sure d'avoir perdu l'aiguille dans le salon ? ». Elle répond : « J'ai perdu l'aiguille dans la chambre ». Confus, le petit garçon demande alors pourquoi cherche-t-elle l'aiguille dans le salon. Ce à quoi la grand-mère répond : « Il fait sombre dans la chambre, alors je préfère la chercher ici ».

Peu importe ce que vous avez perdu, vous ne le trouverez pas à un autre endroit que là où vous l'avez perdu. Si vous l'avez perdu dans les ombres, vous ne le trouverez pas dans la lumière, même si vous cherchez longtemps. La souffrance disparaît uniquement si vous arrivez à voir celui qui souffre. N'essayez pas de résoudre le problème ailleurs. L'esprit est perturbé parce qu'il s'est perdu, et retrouvera le calme quand il se sera retrouvé. Ne soyez pas aveuglé par l'extérieur, mais cherchez l'endroit où vous l'avez perdu.

Ne cherchez pas à l'extérieur des solutions à l'anxiété ou au désir, mais essayez de trouver celui qui les cherche. C'est à ce moment que vous pourrez trouver la paix de l'esprit.

C'est le seul moyen de ne pas être bousculé par les évènements extérieurs et de trouver la liberté.

CHAPITRE 11

Comprendre l'anxiété et la peur

L'ADN humain et la structure du cerveau

L'être humain se sent incomplet, et développe de l'anxiété quand il se sent seul. Ce comportement est intégré dans l'ADN même de l'être humain afin de maintenir la continuité de son espèce. Dans la nature, les créatures plus faibles comme les herbivores vivent en groupe. Les carnivores, prédateurs, ont tendance à vivre seuls. Plus l'animal est faible, plus il vit en groupe. Lorsqu'ils sont éloignés du troupeau, ils se sentent plus exposés aux prédateurs.

Physiquement, les humains sont plus faibles, et ils ont dû apprendre à créer des communautés pour survivre. Cette « technique » de survie est transmise aux générations suivantes par leur ADN. Par exemple, il peut arriver que vous soyez plus dérangé par le petit son s'échappant des écouteurs de votre voisin plutôt que par l'énorme bruit du métro.

Dans des temps anciens, l'Homme était averti de la présence d'un prédateur proche en entendant les petits sons présents autour de lui, et il est donc devenu programmé à être plus sensible aux petits sons. Le subconscient humain considère les petits sons comme plus dangereux, donc plus dérangeants, dans le but de générer une réaction chez l'humain.

On peut également imaginer les cas où de nombreuses personnes sont mortes mordues par un serpent strié de jaune et de noir. Leur descendance sera petit à petit programmée pour détecter que « les animaux avec des couleurs jaune et noires sont dangereux ». Et s'ils voient ces couleurs au loin, ils se sentiront anxieux et l'éviteront. La combinaison de ces couleurs pourra même être utilisée par des animaux non prédateurs pour éloigner leurs ennemis.

L'ADN est également un moyen par lequel les Humains transmettent leur expérience et leurs connaissances de survie. Dans le Confucianisme, la transmission du savoir par l'ADN à travers les générations est considérée comme une continuité de la vie ; les mémoires liées aux situations dangereuses sont transmises par l'ADN, afin que notre descendance puisse se développer. Il est intéressant de noter que les récentes recherches scientifiques supportent le fait que la conscience puisse être héritée.

L'anxiété primaire de l'Être Humain est largement liée à la difficulté de sa survie et à la multiplication des espèces. *Le Gène Égoïste* écrit par Richard Dawkins décrit l'être humain comme un simple organisme qui existe pour perpétrer son ADN. Il prétend que l'unique but de l'ADN est de préserver l'organisme jusqu'à ce que son expérience soit passée aux générations suivantes. Dès que la génération suivante est née, sa priorité sera de la protéger, et ainsi de suite.

Dawkins pense que l'amour et la dévotion d'une mère qui sacrifie sa vie pour sauver celle de son enfant lors d'un incendie, ou un accident de voiture est une des conséquences de cet attribut naturel de l'ADN humain. Chaque espèce essaye de survivre jusqu'à ce qu'elle ait une progéniture. Quand le corps est en danger, l'espèce se sent nerveuse et effrayée, ce qui est un mécanisme d'alarme naturel pour conserver cet ADN.

Ce phénomène vient également de l'aspect structurel et fonctionnel du cerveau. Le cerveau est divisé en trois parties : le cerveau postérieur, qui se forme en premier, le mésencéphale, puis le cerveau antérieur. Le cerveau postérieur est la plus vieille et la plus primitive des parties du cerveau. Il existe chez tous les êtres vivants, et est également appelé le « cerveau reptilien. » Il est constitué du tronc cérébral et du cervelet, liant le cerveau à la vertèbre. Cette zone entourant le tronc cérébral est le cerveau limbique, aussi connu sous le nom de « cerveau mammalien », et est associée avec les émotions, la motivation. Puis enfin le cerveau antérieur, le « cerveau humain », est la zone la plus récemment développée du cortex cérébral. Le cerveau antérieur distingue l'Être Humain des autres mammifères et décrypte le langage, les symboles et les pensées rationnelles et complexes.

La partie la plus primitive du cerveau se nomme donc le cerveau reptilien. Cette zone est directement liée à la survie de l'espèce et à sa préservation. Même si cette fonction a l'air plutôt basique, c'est elle qui va envoyer un signal pour faire bouger tout le corps en cas de danger de vie ou de mort. A cela s'ajoutent les fonctions du système limbique qui l'entoure, et qui permettra d'alerter du danger.

Par exemple, quand votre main touche un objet brûlant, si vous prenez le temps de penser « C'est trop chaud, je vais retirer ma main » ce sera beaucoup trop long, et vous vous brûlerez la main. Le cerveau reptilien reçoit la sensation externe et fait réagir le corps instantanément en un réflexe, sans passer par le cerveau. Grâce à cette fonction, notre main lâche immédiatement l'objet chaud. Ce mouvement rapide réduit les risques de brûlures sévères. C'est donc le cerveau reptilien qui reçoit le signal du danger immédiat, et permet au corps de réagir instantanément.

De même, dans un moment de vie ou de mort, une série de réactions inconscientes s'enchaînent, sans jugement rationnel. Par exemple, si vous remarquez quelqu'un de louche vous suivre dans une ruelle sombre, vous commencez à sentir la peur et l'anxiété monter, grâce à l'avertissement du système limbique, et le corps commence à stresser. Le système nerveux sympathique s'active, votre rythme cardiaque augmente, et l'énergie se disperse dans tous les muscles de votre corps. Cela permet de préparer au mieux le corps pour un éventuel combat. Mais si vous vous rendez compte que la personne qui vous suit est votre ami, alors tous ces signes disparaissent et vous vous sentez détendu. L'avertissement du système limbique se calme et votre respiration redevient normale, et vous revenez à un état de confort et d'équilibre.

L'anxiété et la peur ne sont pas un problème en soi. Dans des temps plus primitifs c'était un dispositif d'alerte qui permettait de détecter et de répondre rapidement à une situation de danger, comme la présence d'un prédateur. Mais aujourd'hui nous ne vivons plus dans des temps primitifs. Nous vivons beaucoup moins de situations de vie ou de mort que nos ancêtres des temps primitifs. Si le système limbique devait s'alarmer à chacune de nos situations « stressante » actuelles, ce serait un problème.

Si votre travail vous oblige à être prêt 24h/24, et que les situations d'urgence y sont fréquentes, vous risquez de souffrir d'un stress constant. Nos esprits sont supposés être dans un équilibre entre tension et relaxation, mais si vous êtes dans un état constant de tension, le système limbique enverra des signaux d'alarmes continuellement, ce qui provoquera un état de forte charge mentale.

Nous devons être capable de contrôler et stabiliser les stress et anxiétés causés par le cerveau reptilien et le système limbique en entraînant nos esprits. Si vous êtes inconsciemment attiré dans des émotions négatives, telles que la colère ou l'anxiété à cause de cet état d'alerte du système limbique, vous aller perturber votre vie sociale et avoir des difficultés à gérer les vraies crises qui viendront, puisque le cerveau ne pourra pas évaluer correctement la situation.

Chaque partie du cerveau a son utilité. Aucune n'est meilleure que l'autre, ou plus utile. La fonction du cerveau reptilien est de protéger et préserver la vie. Le système limbique avertit des situations dangereuses et nous y prépare. Le cerveau humain entre en action quand il y a besoin de raisonner, faire preuve de jugement et d'intelligence, ce qui a bien sur contribué au développement de la société.

Il n'y a pas de problème quand toutes les parties du cerveau fonctionnent correctement et en accord les unes avec les autres. Les problèmes arrivent quand ces parties mélangent leurs fonctions, se confondent, et réfléchissent à quand laisser le corps agir en accord avec le cerveau reptilien, sous l'influence des signaux du système limbique et du jugement du cerveau humain.

L'anxiété est un signal inconscient du système limbique. Puisqu'il est basé principalement sur l'irrationalité, il est quasiment impossible pour le cerveau humain de trouver ou de comprendre sa cause. Même si vous arrivez à trouver son déclencheur, il est impossible de stopper sa manifestation. L'anxiété est comme un phénomène physiologique du corps. Penser « je ne ressentirai plus jamais d'anxiété » est aussi absurde que de penser « je n'aurais plus jamais faim ».

Alors comment s'occuper de cette anxiété ? Parlons-en dans le chapitre suivant.

Oubliez les branches et concentrez-vous sur les racines.

CHAPITRE 12

La conscience DK contre l'anxiété et la peur

La naissance de la Génération Suivante et le Désir Social

Une des motivations de l'être humain est donc de préserver son espèce jusqu'au moment où elle pourra transmettre son ADN à la génération suivante. L'être humain veut combiner son propre ADN avec un ADN meilleur. Si cette mission n'est pas remplie, l'anxiété et la peur arrivent. Si quelqu'un n'arrive pas à avoir d'enfant, son ADN ne se transmettra pas, et il développera l'angoisse que son ADN disparaisse.

A l'inverse, les individus qui sont dans des conditions favorables ont plus de chance de transmettre leur ADN. Ces conditions qui permettent la procréation dépendent de l'âge et de plusieurs aspects sociétaux. Ces conditions, naturellement recherchées par l'ADN des autres membres de l'espèce sont généralement la santé, la beauté, l'intelligence, la jeunesse, la fortune.

Les individus équipés de ces conditions ont davantage de chances de donner naissance et de s'occuper de leur descendance dans de meilleures conditions, et ainsi de suite. Les enfants d'hommes riches, prestigieux, intelligents ont plus de chances de se développer dans un environnement sain. Une femme jeune, belle et en bonne santé a plus de chances de donner naissance à un bel enfant en bonne santé, qui aura plus de chances de se retrouver en position favorable par rapport aux autres.

A l'inverse, une position sociale plus faible, un âge avancé rend plus difficile le fait de donner naissance et d'élever dans de bonnes conditions. Lorsque quelqu'un a des difficultés pour trouver un partenaire après un certain âge, il va développer inconsciemment de l'anxiété et chercher des moyens de s'échapper de cette situation inconfortable. Les Hommes essaient d'aller dans de grandes écoles, d'accéder à un bon travail avec un haut salaire, à cause de cette fausse croyance que les Femmes préfèrent un Homme qui répond à ces conditions.

Une mode récente veut que les hommes qui cuisinent ont plus la faveur des femmes. Les hommes apprennent donc de plus en plus la cuisine. Ils finissent par se retrouver cuisiniers et n'ont finalement plus le temps pour rencontrer une femme. Ils pensent qu'en répondant à cette demande des femmes ils seront plus appréciés, mais cela finit par devenir un obstacle. C'est mettre la charrue avant les bœufs. Mais attention, cela n'est pas nécessairement une mauvaise chose, car de nombreux hommes révèlent ainsi un talent caché, et sont amenés à de grandes découvertes sur eux-mêmes.

Les femmes, pour se débarrasser de cette angoisse, étudient de façon précise la situation des hommes. Elles sont psychologiquement poussées à enfanter pendant leur période de fertilité, et veulent donc naturellement un homme avec de bons gênes, qui pourra fournir un environnement sécurisant pour le développement de l'enfant. Elles pensent que le mariage avec un homme aux telles qualité les débarrassera de cette anxiété. Certaines études expliquent que les femmes préféreront un homme plus âgé, pas forcément charmant mais qui a une bonne situation, qu'un jeune homme charmant qui travaille à mi-temps dans un fast-food.

Inconsciemment, les hommes et les femmes choisissent un partenaire qui répond à ces prérequis, et la source de cette anxiété qui les mène à ce choix et de ne pas pouvoir transmettre de façon optimale leur ADN à la génération suivante, et ainsi l'améliorer.

Mais tout ceci n'est pas basé sur des faits. Ce ne sont que des interprétations construites de toute pièces mais bien ancrées dans l'esprit des gens.

L'angoisse de la bonne transmission de son ADN fait partie de l'instinct humain. C'est un phénomène physiologique naturel de l'esprit. Cela ne veut pas dire que l'Homme agit toujours de cette façon. L'Homme possède un système pour faire la distinction et calmer son esprit sans être dépassé par de telles préoccupations. Pour preuve, certaines personnes choisissent le célibat, ou des styles de vie altruistes pour aider l'autre, au lieu de simplement chercher la survie.

Si on peut empêcher l'esprit de simplement répondre aux instincts dictés par l'ADN et comprendre ses mouvements avec la conscience DK, on peut obtenir la paix de l'esprit immédiatement et vivre avec la foi, plutôt qu'avec l'instinct. On peut ainsi comprendre que cette angoisse biologique causée par l'ADN est une interprétation, et la dépasser.

CHAPITRE 13

Le subconscient et les empreintes du passé

Briser les chaines

Les empreintes laissées dans un subconscient affectent l'esprit et le comportement tout au long d'une vie. Par exemple, un parent alcoolique, négligeant ou abusif laissera une empreinte négative sur un enfant pour le reste de sa vie, et l'enfant pourra ressentir de la colère ou de la peur en vivant une situation similaire. C'est parce que l'empreinte du passé est toujours présente et crée de fausses interprétations.

C'est comme le paradoxe des éléphants. Les éléphants sont éduqués avec une chaine attachée à leur pied depuis leur plus jeune age. Au début, ils essaient vainement de fuir, et finissent par accepter qu'ils ne pourront jamais se débarrasser de leur chaine. Même lorsqu'ils grandissent et deviennent assez fort pour tout emporter avec eux, ils se refusent à essayer.

C'est une empreinte, une impression qui reste dans l'esprit des éléphants, qui imaginent que leur vie se résume à transporter des touristes jusqu'à leur mort. Ces éléphants ont une durée de vie plus courte que leurs congénères qui vivent en milieu sauvage à cause de leur entraînement et du stress.

Les empreintes du passé déforment le présent, et créent des interprétations, empêchant de voir clairement les évènements extérieurs.

Cela se déroule également de cette façon au sein des foyers. Une émission de télévision présentait un jour un homme d'une vingtaine d'années, qui parlait de son histoire. Depuis son enfance, il n'arrêtait pas d'entendre sa famille le critiquer, en lui répétant qu'il était laid, comparé à son frère. Il essaya alors de bien s'habiller, sculpta son corps avec réussite, mais sa famille continuait de lui dire qu'il était laid. Finalement, il finit par l'accepter et le croire lui-même. Puis son frère et sa mère montèrent sur la scène de l'émission, et il se rendit compte à ce moment qu'ils avaient en fin de compte une apparence tout à fait ordinaire, et qu'ils n'étaient aucunement supérieurs à lui.

Il peut être difficile pour quelqu'un qui a grandi avec une évaluation négative de soi d'avoir de la confiance en soi. Bien sûr, certaines personnes se fichent de l'avis des autres. Dans l'enfance, quand le Soi se développe, on accepte les opinions des autres sans distinction.

Une fausse interprétation créée par le subconscient peut également causer la maladie. L'anorexie nerveuse, par exemple, est un refus de s'alimenter par peur de grossir. On constate que cette pathologie affecte surtout les femmes, qui ont interprété les critères de la beauté par les médias ou d'autres sources sans les remettre en cause, et ce depuis l'enfance. En leur demandant de se décrire, elles se décrivent souvent comme moins attirantes que ce qu'elles sont vraiment.

Au lieu de pouvoir se voir comme elles sont, elles se voient d'une façon faussée, sous l'influence du subconscient. Elles sont souvent surprises de se trouver plus belles qu'elles l'imaginent si quelqu'un dessine leur portrait. Dans ce cas, elles découvrent la vérité à travers les yeux d'un autre. En vous voyant par les yeux d'un autre, vous pouvez réaliser que vous aviez une perception faussée de la réalité basée sur des interprétations subjectives.

Un célèbre photographe préparait une exposition de photos représentant des femmes ordinaires à moitié nues, souffrantes d'anorexie. Ces femmes étaient en réalité très belles, mais pensaient qu'elles pourraient être encore plus belles en perdant du poids. Plus tard, en découvrant les photographies, elles ont pu découvrir leur corps tel qu'il était, prenant conscience de l'écart entre leur propre perception et la réalité. Ainsi, elles se libéraient de l'anorexie. Quand l'interprétation de soi est acceptée par le subconscient et faussée par les interprétations, on finit affaibli et malade.

C'est pourquoi il faut arriver à voir les choses telles qu'elles sont. Autrement, vous allez vivre toute votre vie dans l'illusion créée par votre esprit.

Vos croyances, mémoires, valeurs, pensées négatives injectées de l'extérieur ne sont que des conceptions faussées formées sans connaissances. Il vous faut les mettre de côté et réveiller la vérité que vous êtes un éléphant géant, et que vous devez briser vos chaines. Si vous cherchez la satisfaction de l'esprit en vous basant sur les valeurs externes et les empreintes laissées dans votre subconscient, vous n'atteindrez jamais la satisfaction. C'est comme essayer d'épancher sa soif avec de l'eau de mer, ça ne fera qu'empirer les choses.

La gêne causée par les empreintes douloureuses du passé deviendra une autre cause de souffrance et va créer une suite sans fin de souffrances. Par conséquent, la seule façon d'épancher sa soif de liberté est de laisser tomber les interprétations avec calme et tranquillité. Vous pouvez vous libérer de la souffrance de l'esprit, non pas en regardant vers l'extérieur, mais en regardant à travers vos interprétations déformées, grâce à la Conscience DK.

Voir à travers l'esprit
avec une vision claire
est tout ce dont vous avez besoin.

CHAPITRE 14

La Conscience DK, Rester sur la voie

Des chaussures en cuir pour l'esprit

Il était une fois le roi d'un royaume qui trouvait que ses routes étaient trop dures et inconfortables. Il ordonna alors à ses servants de couvrir toutes les routes pour plus de confort. Un peu étonnés par cette demande absurde, les servants allèrent demander l'avis d'un sage pour savoir quoi faire. L'homme sage sourit et dit, « mettez des chaussures de cuir aux pieds du roi, et les routes deviendront confortables ».

Même si les routes avaient été couvertes de cuir, le roi aurait-il été satisfait ? Les gens ont envie de s'asseoir quand ils sont debout, envie de s'allonger quand ils sont assis, et envie de dormir quand ils sont allongés. Néanmoins, un esprit qui ne sait pas se satisfaire du présent ne sera jamais satisfait, même si les routes étaient couvertes de marbre et d'or.

Dans cette histoire, le roi représente nos esprits. La satisfaction de l'esprit ne peut être obtenue de l'extérieur. Comme l'ont dit de nombreux sages, c'est absolument impossible. Et comme le disait le sage homme dans l'histoire ci-dessus, nous devrions plutôt protéger nos esprits avec des chaussures en cuir plutôt que d'essayer de changer les routes pleines de trous.

En portant des chaussures de cuir, votre esprit se sentira confortable dans n'importe quel environnement. Au contraire, si vos yeux se tournent vers l'extérieur et que vous passez votre temps à changer de chaussures pour un modèle plus confortable, votre esprit ne sera jamais stable, et restera continuellement confus. Encore une fois, gardez à l'esprit que le chemin de la paix et de la stabilité d'esprit n'est pas à l'extérieur, mais à l'intérieur. Si l'esprit se tourne de l'extérieur vers l'intérieur avec la conscience DK, le cuir souple de ses chaussures va garder l'esprit confortable et en paix, qu'importe la situation.

Bien sûr, ce n'est pas facile de trouver la paix de l'esprit en se tournant vers l'intérieur, parce que l'esprit devient facilement confus quand il est face à de nombreux évènements. Il est souvent dit que « vous pouvez faire ce que vous voulez, si vous le voulez vraiment » mais ce n'est pas évident de focaliser son esprit à ce point.

Par exemple, si on vous demande du jour au lendemain d'aimer la personne que vous détestez, ça sera difficile. Puisque vous avez déjà un fort à priori négatif sur la personne, votre esprit ne bougera pas. Vous ne pourrez pas changer votre état d'esprit depuis l'interprétation, qui vous empêche de voir la situation comme elle est. Ce n'est pas facile d'empêcher l'esprit de divaguer et d'accéder à la paix intérieure.

Pour garder l'esprit silencieux, on doit apprendre à appliquer la pleine conscience en se débarrassant des interprétations. L'important est de se concentrer sur une méthode. Il est recommandé d'éviter de changer constamment de technique ou de combiner différentes approches de votre esprit.

Il n'y a pas de bon ou de mauvais dans une méthode. Une méthode est une méthode. La bonne est celle qui convient à son pratiquant. Chaque méthode permet d'atteindre le calme de l'esprit. Mais avant que l'on y parvienne, il faut éviter de passer d'une méthode à une autre ou de les mélanger. Des changements fréquents de méthode vont semer la confusion dans l'esprit.

Par exemple, quand vous entraînez un chien à s'asseoir et à attendre, vous allez répéter « assis ! » en le récompensant à chaque fois que le chien vous écoute. Si une fois vous donnez l'ordre, puis sifflez, ou récompensez de façon aléatoire, le chien sera confus et aura du mal à suivre vos instructions. La même chose vaut pour l'esprit humain. L'esprit est réceptif aux instructions constantes et répétitives. Ce traitement sera petit à petit accepté par l'esprit, et donnera comme résultat immédiat un état conscient et sans confusion.

Les vieux sages disaient, « il est préférable de monter un cheval et d'aller quelque part plutôt que de changer constamment de cheval ». Si vous décidez d'appliquer la Conscience DK, il est préférable de garder cette méthode jusqu'à l'apparition des résultats.

Au début, cette méthode peut paraître compliquée. Il est difficile de garder un calme intérieur, surtout lorsque l'on a des attentes, ou que l'on est pressés. Après une ou deux tentatives, on peut se frustrer et abandonner, pour trouver quelque chose de plus simple.

La Conscience DK ne fonctionne pas comme un génie à qui l'on ferait un vœu. Elle permet d'observer l'esprit avec précision. On doit rechercher la pleine conscience à travers les faits et les interprétations avec détermination, jusqu'à en atteindre l'essence. N'oubliez jamais votre entraînement en Conscience DK même quand vous vous sentez dépassés par les distractions externes.

Les vieux sages disaient en parlant de la méditation des Koans[1] ; « si votre méditation sur les Koans est aussi sincère que la poule couvant ses œufs, le chat chassant sa souris, un mendiant affamé, et un voyageur assoiffé, alors vous atteindrez un jour la révélation. »

Un autre proverbe disait : « La chose la plus importante dans l'étude est la sincérité, le plus haut des concepts. Une attitude tiède sans sincérité mène à la dissipation. Une sincérité authentique dépassera la négligence et la paresse ».

D'après les sages, en se dévouant à la recherche avec des convictions fortes, on peut atteindre les révélations. Si vous vous accrochez à la Conscience DK et persévérez jour et nuit, votre esprit viendra se poser dans la paume de votre main.

Si vous prenez une direction, continuez sur ce chemin. Si vous voulez la paix de l'esprit, balayez-en la confusion et l'interprétation en vous concentrant seulement sur les faits. Laissez les chaussures de cuir vous protéger et rendre votre voyage confortable.

[1]*Koan : brève anecdote ou un court échange entre un maître et son disciple*

Une fois que vous avez défini un cap, avancez

CHAPITRE 15

Psychanalyse et Conscience DK

Sigmund Freud

J'ai expliqué que les sentiments négatifs que nous ressentons, comme l'angoisse et la peur, sont seulement des projections de nos esprits créées par des interprétations subjectives, et qu'elles doivent être abandonnées grâce à la Conscience DK. Si l'esprit accepte les faits, il peut être en paix. La psychanalyse a également étudié les émotions négatives et comment apaiser les souffrances de l'esprit. Elle explique leur origine et leur fonctionnement grâce à plusieurs théories.

Dans ce chapitre, je vais expliquer les causes des pensées et émotions négatives avec la vision de la psychanalyse.

En fait il est souvent plus utile de changer son attitude envers les pensées négatives que d'en connaitre les causes. Les choses négatives de l'être humain ne changent pas juste en connaissance de cause. Les approches plus théoriques peuvent aider à l'observation de l'esprit, c'est pourquoi nous allons aborder la vision des psychanalystes.

La névrose est un trouble qui implique des symptômes comme l'anxiété, la peur, les migraines, les palpitations et des insomnies par une cause inconnue. Sigmund Freud (1856-1939) était le premier à découvrir sa cause dans l'inconscient. Il voulait à l'origine devenir biologiste et étudier l'écosystème de l'anguille, mais pour subvenir à ses besoins et ceux de sa grande famille, il se tourna vers la psychologie en faisant des consultations en centre.

C'est ainsi qu'il fit la découverte que la névrose avait pour origine l'inconscient. Les symptômes de la névrose sont des manifestations non reconnues de la mémoire, opprimées dans l'inconscient. Elles ne peuvent être reconnues par la conscience et créent des conflits subconscients qui finiront réprimés.

Freud expliquait les causes des répressions inconscientes comme ceci :

La personnalité de l'être humain est divisée entre le *Ça, le Moi et le Surmoi.* Ils peuvent être interprétés comme *l'Enfant, le Moi et le Père.* Le Ça, appartenant au royaume de l'inconscient, essaye de réprimer des pulsions sexuelles par peur de punition du Surmoi, qui n'est pas inné mais acquis, et qui correspond aux normes sociétales.

Mais, lorsque la pression devient trop grande et la répression trop excessive, des symptômes et des comportements peuvent refaire surface pour la libérer. Les rêves déforment généralement leur contenu afin d'éviter la censure du Surmoi, avec des images, des déplacements, des condensations. Les rêves sont des messages envoyés par l'inconscient, et plutôt que d'essayer de les interpréter de façon directe, il devient intéressant de les associer à des causes provenant de l'inconscient.

Après cette découverte, Freud passa trois années à analyser ses propres rêves et publia « l'interprétation des rêves », qui devint populaire après la seconde guerre mondiale, notamment à cause du nombre important de personnes traumatisées. C'était le premier livre qui parlait de la relation inconsciente au trauma et à l'hystérie.

Freud considérait premièrement l'approche de la sexualité, jugeant que les pulsions sexuelles provenaient toutes de l'inconscient. En se basant sur les mythes « d'Œdipe[1] », « l'envie du Pénis[2] », et « le complexe de la Castration[3] », il déconstruisit l'inconscient humain sous des aspects sexuels, ce qui peut être difficile à accepter et à reconnaitre. Il notait cependant que les symptômes disparaissaient lorsque l'anxiété, la peur ou les réactions physiques venant de mémoire inconscientes réprimées étaient mises en lumières par la conscience. Par exemple, quand l'anxiété arrive, le symptôme peut être mieux compris en pensant « j'ai réprimé ces mémoires et émotions jusqu'à maintenant », et ainsi en devenir conscient. Cela facilite également la séparation des faits et des interprétations.

En psychanalyse, l'association libre est appliquée pour mettre en lumière les parties sombres de l'inconscient et les amener vers le

[1]*Œdipe : héros de la mythologie grecque. Fils de Laïos et de Jocaste, Œdipe est principalement connu pour avoir résolu l'énigme du sphinx et pour s'être rendu involontairement coupable de parricide et d'inceste*

[2]*L'envie du Pénis : D'après Freud, la fillette, au cours de jeux avec ses camarades, se rend compte qu'elle ne possède pas de pénis, cette découverte est parfois vécue comme une frustration, une privation et suppose que son propre sexe est tronqué.*

Cette découverte serait un des moments constitutifs de la personnalité féminine.

[3]*Le complexe de la Castration : Le complexe de castration résultant de l'angoisse de castration est chez Freud un élément déterminant de la théorie du complexe d'Œdipe.*

L'association libre : L'association libre est la première règle fondamentale de la cure psychanalytique. Elle consiste pour l'analysant à exprimer les pensées qui lui viennent à l'esprit à partir d'un élément donné ou de façon spontanée.

conscient, ce qui prend beaucoup de temps. Puisque toutes les émotions et les réactions basiques viennent de l'inconscient, l'esprit peut être en paix juste en les reconnaissant avec la Conscience DK, sans forcément avoir besoin de chercher dans les mémoires réprimées.

La conscience DK a un lien avec la psychanalyse dans le sens où les connaissances que l'on obtient permettent de mettre en lumière les parties sombres de l'inconscient et peuvent dissoudre les émotions négatives. Mais il n'y a pas de recherche à effectuer pour trouver les causes des émotions négatives. Etre vigilant au fait qu'elles sont créées par les interprétations suffit pour les surveiller.

CHAPITRE 16

Psychologie Analytique et Conscience DK

Carl Gustav Jung

Bien que les émotions négatives comme l'anxiété et la peur n'existent pas, il y a une croyance qui veut qu'elles soient vraies, qu'elles nous dominent et ont des influences négatives sur nos vies. C'est pourquoi nous devons réaliser que ce sont seulement des interprétations et nous focaliser sur les faits avec la Conscience DK pour garder nos esprits dans un état de paix. C'est à vous de choisir si vous placez votre esprit dans les émotions négatives ou dans la tranquillité.

J'ai tout à l'heure examiné l'esprit du point de vue de la psychanalyse. Dans ce chapitre, je vais parler de l'esprit et des causes de son anxiété du point de vue de la psychologie analytique. La psychologie analytique cherchait également à comprendre et traiter les émotions négatives et la maladie mentale en étudiant l'esprit. Mais comme on le mentionnait plus tôt, il n'est pas forcément utile de connaitre les causes de l'anxiété.

La Conscience DK permet de déraciner tout l'arbre, pas juste de l'analyser. Il est plus important de changer son attitude face à l'anxiété que d'en connaitre la cause. Même si la cause est connue, si ces racines restent, elles vont continuer de se développer. Ceci dit, l'analyse de l'anxiété avec la psychologie analytique peut nous aider à comprendre l'esprit.

La Psychologie Analytique a été développée par Carl Gustav Jung (1875-1961). De son point de vue, l'esprit humain (ou son âme) est une combinaison de plusieurs éléments contradictoires. Un esprit humain sain consiste en un équilibre harmonieux de ces facteurs.

Pour aborder l'esprit humain, Jung a adopté les concepts de Personnage, Complexe, Ombre, Anima et Animus, Inconscient Collectif et Soi à partir de nombreux mythes et histoires de différents continents. L'inconscient Collectif et le Soi peuvent être utiles pour comprendre la Conscience DK. Jung expliquait que l'esprit humain est composé de l'Ego, de la Conscience Présente, de l'Inconscient, du Collectif Inconscient, et du Soi qui se trouve au cœur de l'esprit.

Le concept d'inconscient collectif, décrit par Jung est d'ailleurs l'extension d'un concept de Freud sur l'inconscient. Freud, lui, ne reconnaissait que l'inconscient individuel, et avait un autre point de vue sur le concept d'inconscient collectif de Jung. Très proches dans leur relation de professeur à élève, les deux hommes finirent par prendre des chemins différents en raison de leurs différences de point de vue. Pour Jung, l'inconscient collectif fait référence aux mémoires communes des êtres humains et constitue la base des représentations individuelles et collectives chez l'Homme. C'est aussi là que sont « stockées » les mémoires historiques, culturelles, et les connaissances. Il considère que les travaux artistiques sont inspirés de l'inconscient collectif. Il peut être difficile à accepter que tous les êtres humains partagent des connaissances et des mémoires à travers l'inconscient collectif. Mais tous les individus sur Terre se font la même représentation d'un fait, qu'importe l'âge ou la nationalité.

Par exemple, lorsqu'on dit « être un humain » ; c'est un concept qui n'est pas acquis, mais inné. Nous le comprenons dès la naissance. Jung appelle cette image un prototype et pensait que c'était des connaissances acquises dès la naissance, et que tous les humains partagent.

Il dit également que l'inconscient collectif ne contient pas seulement les concepts d'humanité, mais aussi les images d'un monde extérieur. Par exemple, les représentations de la Mère et de Dieu sont déjà dans notre inconscient collectif et connues intuitivement. Il a également été inspiré par les mythes et légendes de nombreux pays.

Les légendes de calamités comme les déluges partagent toutes une représentation commune des évènements, qu'importe le pays. Les Légendes Chinoises et Égyptiennes, l'Arche de Noé dans la Bible, l'Inondation et le Garçon dans l'arbre et l'inondation ainsi que les Frères et Sœurs en Corée partagent toutes une structure narrative commune. D'après Jung, lorsque tout le monde présente la même réaction ou émotion négative face au même évènement, par exemple, un cri de peur ou une exclamation devant un éclair qui frappe le sol, cela signifie que c'est une manifestation des images partagées dans un inconscient collectif.

L'inconscient collectif inclut le Soi, un autre concept, qui fait référence au but ultime de se réaliser, d'intégrer la conscience et l'inconscience Humaine plutôt que d'uniquement se référer à soi. Le Soi représente le soi véritable, une absolue et parfaite autorité. Il pensait que les humains possédaient divers aspects contradictoires, et qu'une intégration harmonieuse de ces aspects peuvent aider à la réalisation du Soi, le but ultime de l'être humain.

Jung pensait que n'utiliser qu'un des aspects intérieurs de l'homme pouvait mener à un déséquilibre de l'esprit, empêchant son intégration. Comme chaque individu est né avec une polarité masculine et féminine, décrire quelqu'un comme féminin ou masculin dépendrait surtout de quel aspect se manifeste le plus chez la personne. Si un homme exprime son côté masculin, rationnel et logique, son côté féminin, émotionnel et d'humeur changeante, peut être réprimé. Cela crée donc un déséquilibre interne, pouvant mener à l'anxiété, la peur ou la schizophrénie.

Comme solution, Jung propose d'utiliser de façon consciente la partie non manifestée, réprimée. Si vous avez principalement exprimé votre côté masculin toute votre vie, vous devriez vous engager dans des activités avec des aspects plus féminins pour réveiller vos sentiments et vos émotions. En impliquant les zones inactives, le mental peut s'équilibrer et s'harmoniser, découvrir le Soi et recharger son énergie.

Une amie m'expliquait un jour qu'elle passe au moins un jour par semaine à des activités créatives comme la peinture. Cela lui permet de retrouver son équilibre mental, et compense le fait d'avoir passé la semaine à travailler au bureau avec un raisonnement logique, rationnel, Cela lui permet de recharger ses batteries pour son quotidien.

Alexei Proger, un instructeur Russe de Systema, un art martial Russe, était un expert dans son domaine et également un peintre talentueux et réputé. Il est un exemple de l'équilibre et de l'harmonie entre physique et mental. En fait, beaucoup des grands artistes martiaux dans l'histoire étaient de très bon littéraires et artistes martiaux.

Afin d'éviter la schizophrénie, la peur, ou l'anxiété, Jung pensait qu'il fallait découvrir le Soi en développant chaque élément interne de la façon la plus idéale et ainsi se libérer des souffrances de l'esprit.

Cette théorie a ses propres limitations, comme le pensait Freud. Essayer de combler les déficiences psychologiques de l'extérieur peut être utile dans un premier temps, mais bientôt de nouvelles déficiences arriveront. C'est comme colmater une fuite dans un barrage avec une pierre provenant d'un autre barrage. Pour réellement s'affranchir des souffrances de l'esprit, il faut éviter de remplir les manques, et se concentrer sur les faits, avec l'aide de la Conscience DK. Cela permet de réaliser que les images et empreintes dans l'esprit et l'inconscient qui créent un malaise ne sont pas votre vrai « Moi » mais uniquement des interprétations subjectives.

Kim Mi-kyung, une célèbre Maîtresse de conférences, a révélé qu'elle souffrait de dépression sévère pendant sa propre émission, le Kim Mi-Kyung Show, quatre ans auparavant. Elle raconte qu'elle avait l'impression d'être devenue une machine à faire des conférences, et qu'un jour, énervée après un de ses assistants, elle lui avait hurlé d'aller faire l'émission lui-même. Tous ses efforts pour dépasser la dépression échouaient. Puis un jour, elle s'est parlée à elle-même et s'est dit : « Abandonne juste l'idée que tu te sens comme une machine à conférences », et a mis cette pensée en action. Depuis, elle a changé son état d'esprit, et sa dépression a disparu d'elle-même.

En changeant son attitude et en se concentrant sur les faits, son esprit est revenu à sa place. Toutes ses tentatives pour trouver la paix de l'esprit à l'extérieur étaient vaines. Puisque l'esprit s'est attaché à cette souffrance, cette dernière ne disparaîtra pas tant qu'elle ne sera pas reconnue. A travers la Conscience DK, vous devez être conscient que l'interprétation peut être influencée par les évènements extérieurs, et accepter seulement les faits.

Une fois que la perspective est changée, on ne répond plus aux circonstances. Au lieu de chercher la paix à l'extérieur, allez vers l'intérieur, et vous ne réagirez plus à chaque variation de votre environnement. Appliquez la Conscience DK à vous-même. Seulement là vous atteindrez le calme plat de l'esprit et pourrez percevoir le calme plat du monde.

Seuls les êtres humains peuvent s'entraîner.

CHAPITRE 17

L'Esprit Humain et le Comportement

Alfred Adler

J'ai résumé les points de vue de Freud et Jung sur le subconscient avec la psychanalyse et la psychologie analytique. Le psychiatre Autrichien Alfred Adler (1870-1937), qui a fondé la Psychologie Individuelle était de la génération de Freud et Jung, mais avait un point de vue différent sur l'esprit humain.

A la différence de Freud et Jung, Adler se concentrait sur l'étude des comportements externes plutôt que sur l'inconscient. Les comportements humains sont comme les jeunes pousses de l'esprit. Adler estimait que la principale motivation des comportements humains ne se trouvait pas dans le subconscient mais dans le complexe d'infériorité, et que le but ultime de l'homme est de gagner de la puissance dans la société pour dépasser son complexe d'infériorité.

Napoléon Bonaparte a conquis toute l'Europe pour dépasser son complexe d'être petit. Un homme né sans membres s'entraîne et gagne la médaille d'or aux Jeux Olympiques pour dépasser ses complexes physiques. Ces exemples illustrent l'obtention de puissance dans la communauté pour dépasser des conditions difficiles.

Adler expliquait les problèmes de l'esprit tels que la névrose à travers les comportements externes plutôt que dans le subconscient. Il décrit que l'anxiété ne vient pas d'un trauma du passé puisque plusieurs personnes expérimentant le même évènement auront toutes des réactions différentes. Si une expérience du passé était la cause, toutes les personnes ayant vécu le même évènement développeraient le même trouble. Or les personnes vivant la même expérience vivent par la suite des émotions qui peuvent être radicalement différentes.

Adler pensait que la cause des émotions négatives relève du choix de la personne, et que plus précisément, une certaine mémoire du passé est choisie comme la cause de l'émotion négative ou du symptôme physique. Si une personne se sent anxieuse à l'idée de prendre la parole devant une audience, cela veut dire qu'elle a choisi un moment particulier de son histoire ou elle a été ignorée ou réprimandée par ses parents comme la cause, et que ce souvenir la pousse à éviter la situation où elle doit s'exprimer en public. Elle pensera « ma blessure psychologique me rends si nerveuse que je ne peux pas le faire ! ». Une mémoire du passé et une série de symptômes physiques comme le tremblement, signifie que l'on souhaite échapper à la situation.

Alors pourquoi choisit-on une réponse qui ne nous est pas bénéfique ? C'est dû au narcissisme, au rejet de se sentir blessé. Plus le narcissisme est grand, moins on est capable d'encaisser les dommages faits au précieux soi lors d'un échec. Ce processus démarre en posant une image de soi qui va compenser ses propres infériorités (le meilleur de la classe, étudier dans une université prestigieuse, travailler dans une grande entreprise).

L'image de soi idéale peut avoir un effet positif sur sa vie et les efforts consentis à construire cette image permet souvent d'accéder à un certain succès sociétal, ou personnel. Lorsque l'on échoue, cependant, on ne verra plus ce but, et à l'instar de la Fable d'Ésope: le Renard et des raisins[1], on mettra en cause les conditions de l'échec, ou on se créera l'excuse qu'une mauvaise expérience passée nous empêche d'atteindre nos objectifs. Tout ceci fait partie du narcissisme.

Adler appelle ce phénomène « l'évitement des tâches ». Nous nous posons tous des objectifs personnels pour dépasser notre complexe d'infériorité. Et les atteindre nous impose des efforts constants. Si quelqu'un complexé par la pauvreté décide d'avoir un succès économique en utilisant le modèle de Chung Ju-yung, le fondateur de la société Sud-Coréenne *Hyundai*, il devra travailler dur nuit et jour pour compléter de nombreuses tâches. La plupart des gens avec ce genre d'objectifs s'épuiseront à mi-chemin et finiront par éviter certaines tâches, essaieront de se protéger en se créant des excuses pour ne pas ressentir de culpabilité.

Les Hommes veulent réaliser leur désir d'avoir du pouvoir par d'autres moyens, ce qui est appelé « l'acquisition d'un faux pouvoir », et qui fait référence à une série de comportements pour prétendre être supérieur en pointant le problème des autres, en interférant avec les plans des autres ou en donnant des conseils non sollicités.

[1]*La fable du Renard et des raisins : Un renard affamé, voyant des grappes de raisin pendre à une treille, voulut les attraper ; mais ne pouvant y parvenir, il s'éloigna en se disant à lui-même : « C'est du verjus. »*
Pareillement certains hommes, ne pouvant mener à bien leurs affaires, à cause de leur incapacité, en accusent les circonstances.

La tentative d'acquérir un faux pouvoir inclut le fait de critiquer les erreurs mineures des autres en prétendant être de bonne morale, et de juger les opinions et travaux sans véritable compétence ou qualification. De tels comportements sont monnaie courante de nos jours sur Internet, où les critiques sont postées dans la recherche d'un faux pouvoir.

Les comportements pour acquérir un faux pouvoir sont indésirables. Lorsque l'on donne un conseil, on doit être vigilant si on le fait ou non pour avoir un faux pouvoir. Les conseils doivent être basés sur l'expérience et ne devraient être donnés qu'en connaissance de cause. Bouddha disait : « Ne donnez pas de conseils à moins que l'on vous les demande ».

Un conseil non demandé peut devenir nuisance et interférence. Beaucoup de gens utilisent des conseils futiles, créent des interférences pour eux-mêmes et les autres simplement pour accéder au pouvoir. Certains conseils peuvent être utiles, mais il reste néanmoins préférable de vérifier les motivations qui se cachent derrière eux.

Adler donne ce conseil à ceux qui se sentent inconfortables dans les relations humaines ou qui souffrent de comportements avides de pouvoir. Il dit : « Sur dix personnes dans le monde, six n'ont que faire de vous, trois ne vous aiment pas et vous critiquent, et une seule fait sincèrement attention à vous. » Ce conseil est utile pour analyser les relations humaines.

Ne vous préoccupez pas de ceux qui vous critiquent sans raison valable, mais chérissez ceux qui vous supportent. Essayez de contenter tout le monde c'est comme être le professeur d'une classe de maternelle. Tous les enfants veulent l'attention du professeur. Mais le professeur peut vite s'épuiser à vouloir contenter tout le monde.

Bill Cosby disait également qu'il était impossible de rendre tout le monde heureux. Ceux qui vous détestent le feront pour n'importe quelle raison qui leur parait valable, là où ceux qui vous apprécient vous supporteront. C'est une vérité indéniable des relations humaines. Vous devez vous efforcer de maintenir uniquement les relations qui vous sont bénéfiques, pas les autres. Les relations nocives pour vous vont et viennent comme les vagues, irrémédiablement. S'y accrocher n'amènera que souffrances à l'esprit.

Walt Disney (1901-1966), était excellent en dessin quand il était à l'école. Son père ne voyait cependant pas son talent et le critiquait, l'encourageant plutôt à trouver un travail. La seule personne qui supportait Disney était un docteur à la retraite qui vivait à côté. Il appréciait tellement son travail qu'il accrochait ses dessins au mur. Disney a par la suite reconnu que c'était un des premiers moments de joie dans sa vie. Grâce à cette unique personne, Disney a cru en lui et n'a jamais arrêté de suivre ses rêves.

Walt Disney et Roy, son frère et cofondateur des Studios des Frères Disney [*Disney Brothers Studio*], furent trompés par Charles Mintz, alors producteur, et ont tout perdu en une nuit. Tous leurs partenaires et collègues leur ont tourné le dos, mais leur partenaire de toujours, Ub Lwerks, les supporta jusqu'au bout. Walt Disney finit par établir la *Walt Disney Company* et a créé un nombre incroyable de films qui ont touché des générations entières d'enfants. La création de Mickey Mouse a apporté une fortune incroyable à Disney, et Charles Mintz est tombé dans l'oubli.

Les frères Wright, qui furent les premiers hommes à voler, croyaient dur comme fer pouvoir changer le monde en inventant une machine volante. Les gens les trouvaient ridicules. Mais rien ne pouvait arrêter les deux frères. Ils travaillaient dans un magasin de vélo, et développaient un premier modèle d'avion avec enthousiasme et acharnement, sans aucune aide extérieure et avec seulement un groupe très réduit de personnes qui croyait en eux. Ils ont fini par déclarer leur premier vol réussi le 17 décembre 1903. Leurs concurrents, de l'université Harvard, ne recherchaient en fait que le succès et le profit en développant leur propre modèle. Ils abandonnèrent le projet dès que la nouvelle du succès des frères Wright leur fut parvenue.

Ces deux histoires partagent quelque chose en commun. Premièrement, elles racontent toutes deux la poursuite d'un grand rêve avec des valeurs universelles pour créer de meilleures sociétés et communautés, et pas pour un profit personnel. Deuxièmement, elles racontent comment les différents protagonistes ignorent les commentaires négatifs des autres et travaillent avec le petit groupe qui les supportait.

Dans les deux cas, ils ont eu le courage d'encaisser la critique tout en poursuivant leurs buts et de partager leur rêve avec les quelques personnes qui les aidait au lieu d'essayer de plaire à tout le monde. Beopjeong, un moine Bouddhiste et écrivain de Corée du Sud, disait : « Ne vous emmêlez pas dans les relations qui ne sont pas nécessaires. » Vous ne devriez pas vous faire des amis juste pour le profit ou les plaisirs, mais vous devez vous entourer de ceux qui vous supportent vous et vos rêves. Ayez le courage d'être critiqué par ceux qui ne vous aiment pas. Rappelez-vous, si vous essayez de satisfaire tout le monde, vous finirez par vous perdre.

Adler prétendait que pour l'esprit humain, un changement positif est possible grâce à une forte volonté et non grâce à un quelconque secret. Les hommes peuvent changer grâce à leur volonté et à leurs choix, et il sera plus facile d'aller à l'essentiel en faisant une distinction claire entre comportements, buts, moyens, obstacles, en abandonnant les interprétations subjectives et en faisant face au faits, avec la Conscience DK.

La théorie d'Adler a de nombreux liens avec nos vies et avec les valeurs modernes. Il décrivait déjà cette notion d'entraînement de l'esprit avec une forte volonté, pour une vie meilleure.

Ne réagissez pas face aux évènements.

CHAPITRE 18

Le Commencement du Savoir

Voir la vérité

Socrate[1] disait ; la seule vraie sagesse est de savoir que l'on ne sait rien ». Nous vivons pour la plupart inconscients de notre ignorance tout en croyant savoir. Il est difficile d'expliquer ce qu'est une pomme à une personne qui n'a jamais vu une pomme de sa vie. Si quelqu'un apprend ce qu'est une pomme simplement par le langage, il saura ce qu'est une pomme, mais sans vraiment connaitre la réalité.

Quand on demande à un inconnu d'expliquer ce qu'est une pomme, il commencera généralement avec une explication du type ;

[1]*Socrate : philosophe grec du Ve siècle av. J.-C. Il est connu comme l'un des créateurs de la philosophie morale. Socrate n'a laissé aucun écrit, sa pensée et sa réputation se sont transmises par des témoignages indirects.*

« une pomme est rouge à l'extérieur, légèrement jaune à l'intérieur, d'un arôme riche et sucré, juteuse, et sa texture est croquante », etc... Ce n'est cependant qu'une vision conceptuelle de la pomme. C'est seulement en croquant dans une pomme qu'on pourra en expérimenter sa réalité. C'est là qu'il y aura une vraie connaissance, et la réalisation que l'on ignorait ce qu'était une pomme, et que toutes les explications ne pouvaient être plus éloignées de la réalité. On ne pourra plus décrire la pomme comme avant. Lorsque l'on vous demandera ce qu'est une pomme, vous en tendrez simplement une en silence.

Beaucoup de personnes restent dans l'ignorance toute leur vie, tout en ayant des connaissances de surface. Ceux qui savent restent généralement silencieux, et ces quelques sages partagent la vérité.

Ne pas savoir signifie que cette connaissance n'existe pas dans le subconscient. Ce qui n'est pas dans le cerveau et dans le subconscient ne peut être vu, alors que cela existe bel et bien. Ce qui est visible réside dans le subconscient, et vous voyez seulement ce que vous croyez.

Les Indiens d'Amérique présents sur les Îles Caraïbes ne pouvaient voir arriver le bateau de Christophe Colomb puisqu'ils n'en avaient jamais vu. Le concept de bateau n'existait pas dans leur subconscient. Un chaman, lui, pouvait voir les vagues se soulever à l'horizon, et se demandait à quoi cela était dû. Tous les jours il se rendait sur la plage pour étudier ce phénomène puis finit par se rendre compte de la présence du bateau sur l'horizon. Il a donc prévenu les autres, qui ont finalement pu voir la présence du bateau.

Plus récemment, une simple robe rayée a créé la controverse sur les réseaux sociaux. Une partie des personnes pensait que la robe était bleue et noire, et l'autre partie blanche et dorée. Le créateur de la robe dût lui-même s'exprimer pour lever les doutes, en déclarant que la robe était en effet bleue et noire. Alors pourquoi de telles différences de perception entre les personnes ? La même couleur peut être perçue

différemment selon les personnes. En d'autres termes, les gens voient le monde selon les croyances de leur inconscient.

Au début de la Conscience DK on se débarrasse de l'ignorance du savoir. La vérité peut être obtenue par les enseignements de celui qui sait. Quand on ne sait pas, on ne peut pas voir la vérité, même présentée sous nos yeux, comme les Indiens d'Amérique dans l'exemple. Afin de s'éveiller, on doit pouvoir observer le phénomène avec doute et précision pour découvrir l'essentiel, comme l'a fait le Chaman. Comme il est difficile de réaliser l'essentiel par soi-même, on doit chercher de l'aide auprès de ceux qui ont la connaissance.

Vous avez jusqu'à maintenant appris la relation entre les faits et l'interprétation d'un évènement externe, la différence entre « l'action » et « celui qui fait l'action », et le fait que la souffrance apparait quand l'esprit devient obsédé par « l'action ». Vous avez également appris que pour trouver votre vrai « Moi », vous devez vous focaliser sur les faits et rester calme. Vous n'êtes pas sans connaissances.

Dès que l'on a acquis un nouveau concept, cette connaissance est plantée dans notre subconscient. Par conséquent, vous devez travailler la graine. Elle germera et s'enracinera seulement si vous lui apportez suffisamment d'eau et de lumière, et à la bonne température. Pour arriver à cela, vous aurez besoin de connaissances existentielles, basées sur l'expérience. La connaissance sans expérience ne signifie rien et ne peut porter ses fruits.

Une montagne au loin est couverte de nuages mais existe bel et bien. Beaucoup croient qu'elle n'existe pas parce qu'on ne la voit pas. Mais ce sont leurs yeux qui ne peuvent voir. Une fois que l'ignorance devient savoir, il devient temps de dégager ce qui vous empêche de voir la montagne.

Essayez toujours d'identifier les interprétations subjectives et de vous focaliser sur les faits pour expérimenter la connaissance. C'est le but de la Conscience DK, le chemin vers le vrai savoir.

« Ne vous arrêtez pas au savoir. Mettez-le en action. »

Le silence est le maître du bruit.

CHAPITRE 19

L'ombre et la lumière

Découvrir la lumière

On doit avoir un aperçu de la sombre réalité intérieure qui mène à l'anxiété et à la peur pour expérimenter la lumière claire et calme. Dans le noir, pas besoin de ranger sa maison, tout parait à sa place. C'est seulement avec un regard éclairé qu'on pourra voir à quel point la maison est sans dessus dessous. On peut voir la vérité seulement en comprenant et en expérimentant les deux aspects.

Cela signifie que l'on peut apprendre de façon raisonnable en obtenant des connaissances, et ensuite continuer d'observer ses pensées. Une fois les connaissances préliminaires obtenues, les mouvements basiques, et l'équipement de plongée obtenu, l'unique chose qui reste à faire est de se jeter à l'eau. L'expérience est la véritable connaissance.

Une fois que l'on a expérimenté le silence des abysses, on peut être libres des pensées triviales.

Un jour, un poisson entendit une rumeur à propos de l'eau. Elle serait le secret de la vie, immensément grande, visiblement vide mais en réalité remplie, l'origine de toute chose. Sentant l'importance de l'eau, le poisson se mis à sa recherche partout, sans succès. Frustré, il se dit qu'il valait mieux mourir s'il n'arrivait pas à trouver l'eau. Il mordit alors au hameçon d'un pécheur qui passait par là et se fit tirer hors de l'eau. C'est à ce moment que le poisson réalisa l'existence de l'eau. Ce fut un moment de révélation.

Une révélation au prix de sa vie !

S'éveiller à l'obscurité intérieure est comme un poisson qui s'égare à la recherche de l'eau. Il est très difficile de combattre un ennemi invisible dont on ne connait pas la vraie nature. C'est comme un combattant aux yeux bandés. Quand les pensées négatives, les peurs, l'anxiété arrivent, vous devez en trouver la cause le plus vite possible. Autrement, vous serez vaincu par un ennemi invisible. Puisque la cause des émotions n'est pas identifiée, elle ne sera pas non plus détectée, même en l'expérimentant. Vous devez d'abord apprendre ce qu'est l'essence de l'esprit par un maître éveillé. Puis en étant conscient que la souffrance vient des interprétations, et en essayant toujours de se concentrer sur les faits avec la conscience DK, vous trouverez petit à petit ce qui fait l'essence de l'esprit. Une fois éveillé, vous pourrez faire la distinction entre l'esprit et le Moi, revenir au silence, et voir le phénomène avec une vision claire. Vous atteindrez ainsi Samādhi dans votre quotidien et pourrez manifester votre vérité. Votre nature est comme le ciel bleu. Vous êtes aussi clairs que le ciel. Les nuages peuvent parfois apparaître et disparaitre, mais cela ne signifie pas que vous êtes un nuage. Et votre esprit doit rester dans ce ciel clair.

Une fois éveillé sur la réalité des interprétations et sur le fait que la vérité dans ce monde est non-existentielle, vous pourrez devenir conscient des causes de l'anxiété, des peurs et de l'ennemi intérieur à chaque moment. Bien sur, être conscient de l'essence et des causes de la peur ne signifie pas qu'elles disparaîtront une fois pour toute. Elles tenteront toujours de trouver un chemin dans votre esprit. La différence est que vous aurez réalisé que ces peurs ne vous appartiennent plus, et votre esprit sera stable. Même si vous vous sentez devenir anxieux, vous pourrez faire clairement la distinction entre l'anxiété et la personne qui la subit. Vous aurez alors pris conscience de l'obscurité et de la lumière de l'esprit, ainsi que de ce qui fait l'essence de l'être humain. C'est le Moi qui amène lumière ou obscurité. La lumière et l'obscurité dépendent du point de vue de l'esprit. Les interprétations de la pensée sont comme un invité qui dérange la maison ou une tempête qui balaye tout sur son passage. Savoir que ce n'est qu'un invité n'est pas la connaissance. Vous pouvez vous séparer, vous et l'invité, rester à ses côtés puis partir.

Voilà ce qu'est expérimenter l'obscurité de l'esprit. Maintenant, quand l'invité amène l'obscurité, vous êtes capable de rester distant et d'attendre qu'il parte. Il n'y a pas besoin de le forcer dehors ou de l'empêcher d'entrer. La douceur bat toujours la force. Si vous gardez vos distances de l'invité, et que l'observez calmement, votre esprit restera silencieux et calme. La lumière sera apportée à l'esprit.

Un proverbe Chinois dit, « Un sage place son esprit dans Xìng, et une personne médiocre dans Qíng. Xìng est une force de vie immobile et innée, comme une offre chaleureuse. C'est à la fois un non-esprit et celui qui agit. Qíng est la pensée et l'esprit qui s'éveillent par un stimulus externe, et également le mouvement qui suit. »Une fois expérimentée la réalité des interprétations et l'obscurité, puis expérimenté Xìng, ne vous perdez plus en plaçant l'esprit dans Qíng. La lumière et l'obscurité se seront créés. Essayez d'être conscient de Qíng en distinguant Xìng, et restez silencieux. C'est ainsi que les lumières repousseront l'obscurité.

Un silence profond amène la conscience suprême.

Chapitre 20

Faits et interprétations

Confucius et Yan Hui

Confucius (551 – 479 av J-C) et ses disciples commençaient à manquer de nourriture. Yan Hui (521-490 av J-C), trouva un jour du riz et commença à cuisiner. Confucius le vit alors plonger le doigt dans la préparation et le mettre dans sa bouche. Quand Yan Hui apporta le plat, Confucius fit comme s'il n'avait rien vu et dit « Je ferais mieux de donner ce plat en offrande à un ancêtre sur la table de cérémonie ».

Yan Hui se précipita alors pour stopper Confucius, et lui dit « Pendant que je cuisinais, j'ai vu une poussière tomber dans la préparation, alors j'ai plongé mon doigt pour l'en enlever. Je ne pouvais pas jeter cette nourriture, alors au lieu de me laver la main, j'ai préféré mettre mon doigt dans ma bouche. Le plat a été pollué par mon doigt et n'est pas convenable pour une offrande. »

Touché par l'honnêteté de Yan Hui, Confucius réalisa « Il existe dans ce monde des choses que je ne peux croire avec mes yeux ».

Confucius venait de fausser les faits avec son interprétation. Le fait objectif ici est que Yan Hui a plongé son doigt dans la préparation et l'a porté à sa bouche. Mais les interprétations comme « Cet imbécile a mis son doigt dans mon plat. C'est sale ! », « Pourquoi a-t-il fait ça ? » « Il me manque de respect » ont faussé les faits. Au départ, Confucius était énervé et considérait le comportement de Yan Hui comme irrespectueux. Mais après avoir pris connaissance des faits, il eut honte d'être si borné et insensé.

La Conscience DK sert à voir les faits comme ils sont et à mettre de côté les interprétations qui sont comme une tempête pour l'esprit. Yan Hui était le plus proche disciple de Confucius et le plus respectueux en toute circonstances. Mais la confiance de Confucius en lui s'est évaporée simplement en une action. Un proverbe dit « vos efforts seront couronnés de succès ». Mais les efforts peuvent être vains si vous n'entraînez pas votre esprit.

CHAPITRE 21

Un esprit tranquille au-delà des évènements

Prise de conscience par l'observation

En 1781, Emmanuel Kant (1724-1804) publiait Critique de la raison pure *[Kritik der reinen Vernunft]*, une étude critique des limites de la raison.

La raison pure est un concept qui vient d'un principe karmique[1]. En Bouddhisme, l'illusion (ignorance) est considérée comme un poison qui est à la racine de différentes affectations mentales ; anxiétés, peurs.

D'après Kant, l'esprit humain est équipé d'un mécanisme de raison, pure et immuable, la « prise de conscience ».

Karma[1] *: Dogme central de l'hindouisme, du bouddhisme, selon lequel la destinée d'un être vivant et conscient est déterminée par la totalité de ses actions passées, de ses vies antérieures.*

La phrase, « réaliser sans faire » dans le Sutra Prajnaparamita Hridaya (Sutra du cœur) signifie également atteindre la pleine conscience. Et on en retrouve des traces dans 84 000 écritures Bouddhistes qui citent fréquemment « l'esprit comme corps de l'univers ». Zhōng, en Confucianisme, Dào en Taoïsme, et Dieu en Christianisme font tous référence à la pleine conscience, au cœur pur des Hommes. Les trois cent chapitres du Classique des vers[2], peuvent être résumés en une phrase, « des pensées sans malice ». Les bonnes pensées sont sans malice.

Un esprit pur peut seulement être obtenu en mettant de côté les interprétations pour voir les phénomènes comme ils sont. C'est une croyance qui voit plus loin que les sujets et les situations. On ira chercher la prise de conscience par l'observation détachée. Essayez toujours d'éviter la malice dans vos pensées avec la Conscience DK.

Des étudiants demandèrent à Sima Guang, un historien et écrivain Chinois, « qu'est-ce que le Dào que l'on doit suivre dans la vie ? » Sima Guang répondit « C'est Cheng ; la Sincérité et pas la témérité. » « Alors que doit-on faire ? » demandèrent les étudiants. Sima Guang répondit ; « Commencez par parler et voir sans être irrationnel ».

Ne voyez pas ce que vous ne pouvez voir, ne dites pas ce que vous ne devez pas dire. Vous pouvez comprendre Cheng simplement avec l'observation et la parole.

Dans la chine ancestrale, un étudiant demanda un jour à voir son destin. En réponse, il reçut cette phrase : « aucune source n'est trouvée sans creuser sincèrement ». Si vous arrêtez de creuser, la source ne

Classique des vers[2] : Ce recueil est une anthologie rassemblant des textes qui vont du XIe au Ve siècle av. J.-C., et est l'un des rares textes de l'Antiquité chinoise à avoir survécu à la destruction des livres opérée par l'empereur Qin Shi Huangdi. On y trouve les plus anciens exemples de la poésie chinoise.

sera jamais trouvée, mais si vous continuez, vous finirez par la trouver. Le jeune homme compris, et repris sa vie. Le temps passa et à l'aube de ses 70 ans, l'étudiant maintenant devenu vieux n'avait toujours pas obtenu un poste au gouvernement, comme il l'avait souhaité plus jeune. Il n'a jamais accusé le monde pour sa place, mais pensait « si j'avais les compétences, j'aurais eu ce poste. C'est mon manque de compétences qui m'a empêché de l'obtenir. » Il s'était remis en question et n'a jamais arrêté d'étudier. Sa détermination à continuer les études venait de la force de son esprit et de son autocritique. Un jour qu'il étudiait, il entendit quelqu'un l'appeler par son nom. Il chercha mais ne trouva personne. Il cria « Qui m'appelle ainsi ? » et un fantôme lui répondit. « Hélas ! Regarde ta destinée, toujours pas de source en dépit de tous ces efforts ! » Le vieil étudiant lui répondit ; « Hé que peut encore me faire la destinée ? Rien ne peut arrêter ma détermination. Comment la destinée ose m'arrêter ? ». L'année suivante, il fut nommé au poste qu'il désirait. La destinée pouvait être sculptée. Mais cela nécessitait une détermination inébranlable.

Dans Mengzi[3], Mencius cite ; « Dieu trouble son esprit, fatigue son corps, le rend pauvre et affamé, jugé et condamné pour qu'il s'améliore, en persévérant et en se relevant. »

Ici, Dieu ne veut pas améliorer sa capacité physique ou mentale, mais ses capacités d'être humain. Cela fait référence à la raison pure de Kant, à Zhōng en Confucianisme, au Dào[1] du Taoïsme et à Dieu en Christianisme.

Un vieux proverbe cite ; « Si l'on perd le Dào, il nous reste au moins la vertu. Si on perd la vertu, il nous reste au moins la gentillesse.

Mengzi[3] : Mencius, est un penseur chinois confucéen ayant vécu aux alentours de 380-289 av. J.-C. Mencius aurait étudié auprès d'un disciple de Zi Si, petit-fils de Confucius. Mengzi est le nom de l'ouvrage qui lui est attribué.

Si on perd la gentillesse, il nous reste au moins l'honneur. Si on perd l'honneur, il reste au moins les manières. Et comme de nos jours il est difficile de trouver les manières, et encore plus le Dào[1], la vertu, la gentillesse ou l'honneur, les gens sont contrôlés par les lois pour maintenir un semblant d'humanité. »

La société moderne perd sa nature humaine et se laisse dominer par les intentions et les interprétations. Elle est de moins en moins capable de voir les faits et se focalisent de façon obsessionnelle sur l'interprétation des évènements. Le but principal de l'entraînement de l'esprit est de se libérer des apparitions et disparitions de l'esprit.

Tout ce qui se passe dans l'esprit est interprétations. En les laissant tomber, vous pouvez vous réaliser par l'observation. Ainsi, vous pourrez maintenir le calme de votre esprit en toute circonstances. C'est le but de tout entraînement et la vérité du monde dont parlent les sages depuis des siècles. Une fois ce calme atteint, vous pourrez améliorer votre destin et dépasser les souffrances de l'esprit. Changer de destinée est possible de l'intérieur, pas de l'extérieur.

Dào : Tao est un terme de philosophie chinoise. Le Tao est la « Mère du monde », le principe qui engendre tout ce qui existe, la force fondamentale qui coule en toutes choses de l'univers. C'est l'essence même de la réalité, par nature ineffable et indescriptible.

CHAPITRE 22

La chaleur de la volonté

Casser les vieilles habitudes

Quand arrive la nouvelle année, les gens ont pour coutume de se fixer de nouvelles résolutions et de s'y tenir fermement en regardant le lever du soleil. On peut avoir comme objectif quelque chose de physique, comme aller faire un footing tous les matins, arrêter de fumer ou de boire de l'alcool, perdre du poids ou apprendre une nouvelle langue. Mais dans la plupart des cas, ces résolutions ont une durée de vie assez courte et ne tiennent que quelques jours.

Si quelqu'un se met l'objectif de se lever tôt le matin pour aller courir, il peut le garder quelques jours. Mais ça sera beaucoup plus dur pour les personnes qui ne sont pas du matin. Tout le monde aimerait dormir un peu plus à son réveil. En pensant « je le ferais demain », ils vont commencer à faire un compromis avec l'esprit. Un jour en devient deux, et bientôt le « footing tous les matins » deviendra une phrase vide de sens, qui finira par être abandonnée.

Vous pourrez blâmer la paresse et le manque de volonté, mais c'est plutôt parce que les vieilles habitudes ont du mal à disparaitre. Pour qu'une activité devienne une habitude, il faut que l'activité se répète régulièrement.

Combien de temps avant que cela devienne une habitude ?

D'après des recherches publiées en 2010 *[How habits are Formed : Modeling Habit formation in the real world]* la durée moyenne d'une tache avant qu'elle devienne une habitude est estimée à soixante-dix jours. Plus la tâche est difficile, plus cette période s'allonge. Par exemple, une tache qui peut amener de la douleur physique, comme des pompes, peut durer jusqu'à neuf mois avant d'être considérée comme une habitude.

On doit donc effectuer de façon répétée la tache pendant au moins soixante-dix jours. Mais cela peut se révéler très difficile à cause des vieilles habitudes qui sont déjà là, et qui n'ont pas envie de changer.

En Hindouisme, les fidèles pratiquent l'ascétisme[1] pour développer leurs capacité physiques, sensorielles et leur concentration. Ce mot vous évoque peut-être une personne trucidant son corps, affamée et maigre. Mais ce n'est pas toujours le cas. L'ascétisme se dit « Tapas » en Sanskrit[2]. A l'origine, il signifie « une activité pour rendre quelque chose chaud ».

L'ascétisme[1] : L'ascèse ou ascétisme est une discipline volontaire du corps et de l'esprit cherchant à tendre vers une perfection.
Sanskrit[2] : Le sanskrit est une langue autrefois parlée dans le sous-continent indien. De nos jours, certains érudits le parlent encore.

Un engagement volontaire et actif dans cette activité donne de la chaleur interne, ce qui brise petit à petit les vieilles habitudes et finit par changer les comportements. Un fort contrôle de son corps permet également de calmer les mouvements de l'esprit, ce qui aidera à calmer un esprit éparpillé. Certains espèrent qu'un changement positif leur arrivera sans rien faire. Ils veulent voyager ou s'enrichir, toucher le jackpot, mais sans effort pour y parvenir. Si vous ne posez pas d'action sur votre désir de changement, vous ne pourrez pas créer la chaleur du changement et briser vos vieilles habitudes. Pour amener un changement positif et atteindre ses objectifs, il est primordial de créer la chaleur du changement en posant un acte.

C'est comme forger du métal. Vous ne pourrez pas changer l'apparence du métal en un claquement de doigts. Mais en utilisant la chaleur, vous pourrez le faire fondre, et le faire prendre la forme de ce que vous désirez. Comme la chaleur doit être appliquée de façon constante pour faire fondre le métal, vos actions ne doivent pas s'arrêter avant d'avoir créé une habitude. En revanche, rappelez-vous que la clé pour amener des changements positifs dans votre vie est de continuer des « bonnes actions du corps ». Il est évident que continuer des comportements indésirables vous détruira et ne créera pas de chaleur. La chaleur du changement vient de la continuité des pensées et des actes vertueux. La chaleur générée devient de la volonté et la vertu de tout changement.

Une activité devrait être faite volontairement, activement, et de façon autonome avec constance. Vous ne devriez rien faire avec dégoût ou avec des pensées négatives telles que « je suis fatigué », ou « cela m'ennuie », mais agir avec votre propre volonté basée sur les faits. La chaleur du changement vous viendra seulement en ayant une attitude volontaire, en pensant « c'est mon travail et je vais le terminer ». Supposons que vous vous êtes engagé à perdre du poids en allant à une salle de sport. Le coach vous donnera un guide détaillé sur comment faire de l'exercice et un régime à suivre. Au début vous serez très motivé et très positif. Puis vous serez tenté par votre nourriture préférée. Puis, vous deviendrez fatigué de l'entraînement, vos visites seront moins fréquentes, et vous perdrez votre volonté de faire de l'exercice.

Vous ne devrez pas vous forcer en disant, « je dois continuer, ou bien ce sera de l'argent perdu ». Ce n'est pas une motivation qui va créer la chaleur du changement. A l'inverse, utilisez des pensées positives comme « Je vais faire de mon mieux aujourd'hui » ou « Atteindre ce but fait de moi une meilleure personne, je m'accroche. » Dans la première attitude, je suis passif et je ne montre pas de volonté. Dans la dernière, je suis actif et volontaire. Les deux attitudes sont fondamentalement différentes. Le but de l'action volontaire et autonome est de sentir qu'on accomplit quelque chose.

Cette sensation d'accomplissement et cette volonté sont la chaleur. Laissez-les grandir, et les vieilles habitudes se briseront, puis les changements arriveront. Une volonté forte est plus importante que le résultat final. La chaleur du changement viendra avec la bonne attitude et la persévérance.

Vous allez peut-être subir des commentaires négatifs quand vous voudrez créer cette chaleur du changement. « Tu dois vraiment aller à l'entraînement ? Pourquoi tu ne t'entraînes pas à la maison ? » « Es-tu sur de ce que tu fais ? » « Je ne pense pas que tu t'entraînes correctement ». Il est vrai que les commentaires décourageants et négatifs jettent de l'eau glacée sur la chaleur du changement. Mais il est préférable d'ignorer ces mots venant bien souvent de personne en recherche de faux pouvoir, comme décrit par Adler. Il est important de ne pas être perturbé par ces mots. Les interprétations qui s'en suivent peuvent entraver la continuité de nos actions. Il faut éliminer les interprétations avec la Conscience DK et vous dévouer à votre but. Au début, cela peut être un peu irrégulier, puis petit à petit vous prendrez du recul et vous pourrez vous remettre en direction de votre objectif.

Vous ne pouvez pas changer votre vie d'un claquement de doigts juste parce que vous êtes au courant de l'ordre des choses. En revanche, cette connaissance vous permettra de faire la distinction entre le bien et le mal, vous ferez moins d'erreurs, et les changements apparaîtront dans votre vie, puis apparaîtra la Bonne fortune. DK.

Vous pouvez conserver la chaleur interne en brisant vos vieilles habitudes. Vos vieilles habitudes ont des causes factuelles et d'autres causes de votre interprétation. Faites le tri, et même si vous sentez parfois une énergie froide diminuer la chaleur de la bonne fortune, ne réagissez pas et restez focalisé sur les faits. Vous pourrez alors être capable de vous protéger et dépasser les mauvaises habitudes pour des changements bénéfiques.

Contrôlez les mouvements de l'esprit.

CHAPITRE 23

Le pouvoir d'arrêter

Situations et esprit profond

La vie de l'homme moderne s'est complexifiée au fil du temps, inondé entre choses futiles et valeurs séculaires. Qui ne serait pas emporté dans un tel chaos ? Après tout, « l'occasion fait le larron », et observer le monde extérieur peut nous emmener dans l'illusion et perturber notre pleine conscience.

Puis naturellement la souffrance arrive. Certaines personnes sont emportées par les nouveautés. S'ils ne peuvent les obtenir, cela va devenir un objectif de vie. Ils essaieront de combler leur désir même si cela signifie s'endetter, ou gâcher leur vie pour l'obtenir.

L'esprit peut être facilement aveuglé quand il observe et analyse différentes choses de la vie. Aux moments où vos yeux se posent sur un objet à vendre dans un magasin, des pensées arrivent « est-ce intéressant ? », « devrais-je l'acheter ? ». Ces pensées subtiles sont des interprétations qui doivent être surveillées. Sans contrôle, votre esprit en sera rempli. Vous allez ensuite vous écarter du droit chemin, gaspillant vos efforts.

Vous pouvez penser « qu'y a-t-il de mal à faire les vitrines ? C'est un de mes plaisirs. » C'est vrai, mais c'est indésirable pour l'esprit. Quand vous êtes attrapé par les apparences, votre esprit continue de produire plus d'interprétations pour l'obtenir. Un désir donne naissance à un autre désir, grandit, et produit du karma.

Les gens se noient eux même dans des illusions sans même s'en rendre compte. Ils souffrent sans douleur. Ils sont simplement happés par le phénomène. De tels actes épuisent l'esprit et le corps et doivent être stoppés.

Chaque acte doit avoir un but. Un acte sans but distrait l'esprit en faisant attention aux situations externes. Ce n'est pas un problème si cet acte se pose en rapport à une situation, mais quand apparaissent plusieurs situations, votre esprit va se perdre petit à petit, devenant de plus en plus distrait. Maintenant, les pensées et les émotions viennent simultanément et deviennent incontrôlables.

Dans de telles conditions, il est difficile d'utiliser la Conscience DK. On peut facilement souffler une bougie, il est plus difficile d'en souffler cinquante d'un souffle. La flamme du désir peut être soufflée facilement quand elle est seule, mais lorsqu'il y a trop de bougies d'illusions allumées par plusieurs situations extérieures, on oublie laquelle éteindre en premier.

Si vous êtes capable de voir les fluctuations de l'esprit précisément avec la Conscience DK, vous pourrez faire la distinction entre les émotions qui se soulèvent et les trier une par une. Ce serait trop dur à faire pour un débutant dans la Conscience DK. Ceux qui débutent peuvent commencer par contrôler leurs réactions et comportements face aux évènements extérieurs.

Le contrôle des comportements vous distance des lieux, situations et relations qui vont distraire l'esprit. Un vieux proverbe dit : « un pratiquant doit utiliser son corps comme celui d'un bébé ». Il devrait se nourrir de bons aliments, doux, bouger lentement, et être dans un environnement calme et propre. Mais ce n'est pas si facile pour des gens ordinaires comme nous.

Une telle vie est possible en vivant au fond de la forêt et en se fermant au monde. Les personnes de la ville doivent commencer par reconnaitre qu'ils vivent dans un environnement perturbant. Beaucoup de personnes achètent sans vraiment réfléchir, il serait préférable de prendre le temps de regarder son esprit avec la Conscience DK. Il faut savoir si la situation est utile ou si on essaie de remplir un vide ou un désir, si on se base sur une interprétation ou un fait avec la Conscience DK.

Un débutant peut commencer par analyser vers quoi est attiré son esprit.

Il était une fois un garçon qui rentrait de l'école sous la pluie. La pluie devenant trop intense, il alla s'abriter sous les fenêtres d'une femme qui était veuve. Elle vit le garçon, et l'invita à s'abriter à l'intérieur. Voyant que le jeune garçon refusait, elle insista, précisant qu'il n'avait rien à craindre, qu'elle avait déjà abrité un garçon plus âgé, et que rien ne s'était passé. Le garçon continua de l'ignorer, puis finit par reprendre sa route. Plus tard, le garçon plus âgé le rencontra à l'école, et salua sa discipline et sa maturité.

Un garçon s'est arrêté dans la maison, l'autre à l'extérieur. Il n'y a pas de différence entre les garçons, ils savaient tous les deux quand s'arrêter et calmer leur esprit. Le moment où ils choisissent de le faire ne fait aucune différence. C'est l'état du Dào.

Celui qui sait stopper son esprit a atteint le Dào. Si vous pouvez voir les mouvements de votre esprit et les stopper avec la Conscience DK, vous aussi, avez atteint le Dào.

Concentrez-vous sur les pensées et les actes.

CHAPITRE 24

Clarifier le chemin de la Vie avec la Conscience DK

La sincérité de l'esprit

Galaxy express 999 est un Animé qui se déroule dans un futur lointain, basé sur le Sutra *Avatamsaka.* Le personnage principal est un garçon qui voyage dans l'espace en quête de la vie éternelle. Il la trouvera en obtenant un corps de machine. Chaque épisode pose une question fondamentale : Quel sens aurait la vie éternelle ? Qu'est ce qui nous rends humain ?

La réponse c'est notre nature humaine, l'essence absolue, immuable. On a utilisé dans l'histoire de nombreux mots pour la décrire : Pleine conscience, Nature Humaine, Nature de Bouddha, Dào, Zhōng, Dieu, mais ces termes indiquent tous la même chose, la pleine conscience absolue, immuable. Vivre en accord avec son « Moi

» véritable. Beaucoup vivent avec, sans vraiment le connaitre. Dans la société moderne, l'accent est mis sur le profit et la rentabilité. Cela rends parfois les gens impitoyables, prêt à tout risquer pour le profit. Si Buddha ou Jésus devaient revenir aujourd'hui pour voir ça, ils seraient bien dépités. Ne pas montrer de scrupules ou de regrets quand on a causé du tort pour une question de profit prouve que l'être humain s'est éloigné de sa vraie nature. Les Hommes ont jusqu'à présent dominé leur écosystème par la force plutôt que par la coexistence et la symbiose. Une pareille attitude nous sera forcément renvoyée, comme un boomerang. Nous devrions toujours analyser nos actions et vérifier que nous n'avons pas agi aveuglément pour des intérêts douteux et sans conscience. Examinez si vous agissez en vous basant sur une interprétation ou un fait avec la Conscience DK. Si le déclencheur de votre action est l'interprétation, n'agissez pas, mais si elle est basée sur les faits, vous pouvez agir. Laissez votre nature vous mener à l'action juste.

Reinhold Niebuhr (1892-1971), est un théologien Américain, célèbre pour avoir écrit la « Prière de la Sérénité ».

« Dieu, donne-nous la grâce
d'accepter avec sérénité
les choses qui ne peuvent être changées,
le courage de changer celles qui devraient l'être,
et la sagesse de les distinguer l'une de l'autre, grâce à Jésus Christ notre seigneur, Amen ».

L'intention de cette prière est évidente, elle demande de l'aide pour garder le contrôle de son esprit, et pouvoir faire la distinction entre interprétations et faits. Vous savez déjà contrôler votre esprit avec la Conscience DK. Cette prière peut être résumée ainsi :

« Notre Essence, donne-nous la force de rester silencieux, le courage de mettre de côté les interprétations, et la conscience de faire la distinction ».

Alors qu'est ce qui a réellement de la valeur dans la vie ? Pour nous aider à trouver la réponse, on peut se servir d'un outil ; le Temps. Les facteurs externes, qui disparaissent avec le temps, comme l'honneur, les titres, la fortune, ne sont pas les vraies valeurs de la vie. La valeur dépasse le temps. Nous faisons des choix à tout moment et sommes connectés entre nous par nos actes, laissant des traces de vie, des choix faits en silence basés sur les faits et les croyances.

Observez si une pensée cause un choix ou une action. Même un choix minime laisse une trace dans la vie. Alors ne commettez pas d'actions regrettables, ou vous finirez surement par le regretter.

Un choix regrettable, puisqu'il est fait avec une vision floue et l'esprit sous l'influence des interprétations, va causer du tort à la personne et aux autres. Restez conscient du poids des interprétations avec la Conscience DK.

Ceux qui font des choix dans un but de profit à outrance laissent des traces indélébiles dans leur vie et dans celles des autres. Qu'importe leurs qualités, sans la sincérité, la technique utilisée n'est qu'un tour de passe-passe.

Yi Wan-yong, qui a signé le traité d'annexion Japon- Corée, a placé la Corée sous la gouvernance du Japon en 1910. Il était un maître Calligraphe, mais aucun Coréen n'a jamais admiré son travail, sous prétexte qu'il avait trahi son pays.

Peu importe si quelqu'un possède une compétence unique, sans la volonté adéquate, elle peut devenir un gâchis. Les chefs d'œuvres ne sont appréciés pas uniquement parce que les techniques sont impressionnantes, mais aussi parce que leurs artistes sont remarquables. La volonté de fournir un bon travail doit être accompagnée d'une attitude et d'un désir vertueux. Les vertueux peuvent faire une action vertueuse.

Les traces de notre vie sont comme des gouttes d'eau tombant au milieu d'un lac immense. Une goutte d'eau dans la quête *d'Atman*[1] qui ne laissent rien d'autre qu'une série de petites vagues. Vous pouvez créer de grandes vagues, qui formeront un grand cercle d'eau, seulement en avançant dans la vie avec foi et détermination. Le cercle que forme quelqu'un à la fin d'une vie passive et turbulente sera petit et s'évaporera bien vite. Mais quand un grand nombre de personnes bougent ensemble en même temps, un cercle magnifique se crée, et vient s'ajouter aux cercles des grands sages.

Les traces que laisseront la vie de ceux qui ont trouvé leur vrai soi, seront pleines de confiance, sans regrets ou honte. Ces choix sont ceux de la nature humaine et d'une vie sans mensonge. Il ne peut y avoir de regrets dans une vie faite de ces choix et actions. La conscience DK vous servira à avoir confiance, à faire des choix basés sur les faits, plutôt que de batailler avec les valeurs externes du monde.

J'espère sincèrement que beaucoup laisseront des traces de vie intenses et des cercles magnifiques en abandonnant leurs interprétations et en voyant les faits.

Atman[1] : Atman est un concept de la philosophie indienne āstika. Ce terme a le sens de pure conscience d'être ou de pur « je suis », et désigne traditionnellement le vrai Soi, par opposition à l'ego.

CHAPITRE 25

Le libre arbitre

Les ordres erronés du cerveau

Le thème du libre arbitre est sujet à controverse depuis la nuit des temps. Plusieurs sages se sont exprimés sur ce sujet. Ils prétendent que l'Homme répète de façon inconsciente les mêmes pensées et actions à cause de son karma, ses habitudes et sa destinée. En d'autres termes, il penserait et agirait en accord avec les schémas de conscience qui sont intégrés au plus profond de son être. Tous les humains sont-ils des marionnettes contrôlées par les forces invisibles du subconscient ? Ne sont-ils jamais libres de leurs choix ?

Une expérience très intéressante a été conduite sur ce sujet. Un électroencéphalogramme était attaché sur la tête d'un sujet pour observer l'activité de son cerveau pendant certaines actions. Les sujets devaient regarder un écran, et quand un signal apparaissait, ils devaient regarder à droite ou à gauche, selon l'ordre donné. Cette expérience servait à observer le temps qui s'écoulait entre la commande et l'action du sujet. Il s'écoulait en moyenne une demi-seconde entre le moment ou le sujet recevait l'ordre et le mouvement physique. Cette expérience prouvait donc que le cerveau s'active avant l'action.

Le cerveau choisissait donc la direction dans laquelle le sujet allait regarder, et le corps suivait l'ordre. C'est une réaction instinctive du cerveau qui précède la pensée. En observant le cerveau, les scientifiques peuvent donc prédire le mouvement du sujet, avec plus de 80% de précision, et une demi seconde en avance. Les Hommes pensent être libres de leurs actions alors qu'en réalité, ils agissent d'après ce que leur dicte leur cerveau. Ils prétendent aussi faire des choix rationnels et raisonnables.

Imaginez-vous en train d'hésiter devant le rayon d'un magasin. La plupart du temps, vous n'êtes pas en train de peser le pour et le contre. Vous pensez le plus souvent : « tout m'a l'air correct, mais je n'ai pas envie de l'acheter, pour je ne sais pour quelle raison ». Et on peut souvent dire la même chose de nos autres choix, nos amis, notre épouse, notre travail. Si nous avions le libre arbitre, on choisirait et agirait après un jugement et une pensée rationnelle. Cependant, on confond souvent les sentiments ambigus et les émotions comme des intuitions fiables et nous finissons par les suivre. Elles viennent de l'inconscient, pas du libre arbitre.

La bonne intuition nous aide non seulement à éviter les risques mais aussi à atteindre le succès. L'intuition ne se manifeste pas sur commande. Comme je l'explique dans « DK Chamjang Gong – méthode d'entraînement complète », comment peut-on devenir intuitif sans atteindre *Samyama*, la pleine maitrise de soi ?

L'intuition véritable est la puissance de Samyama, la combinaison de la concentration et de Samādhi. Les sensations que l'on va percevoir qui ne viennent pas de Samyama, ne sont que des pulsions du subconscient venant du karma et des habitudes. L'intuition telle qu'on la connait, est bien souvent une sensation instinctive provenant du tronc cérébral et agir en croyant que cette intuition est véritable mène bien souvent à des choix catastrophiques.

Vous n'êtes peut-être toujours pas convaincu que les êtres humains agissent sans libre arbitre.

Le cerveau est séparé en deux parties, gauche et droite, et sont reliés par un pont que l'on nomme le c*orpus callosum*, par lequel les deux cerveaux se transmettent des informations. Lorsqu'il est rompu, les deux cerveaux ne peuvent plus échanger d'informations et fonctionnent indépendamment l'un de l'autre.

Lorsqu'on ordonne (par un geste visible) au cerveau droit d'un patient atteint de ce trouble, de se lever et de marcher, le patient va suivre les instructions. Lorsqu'on lui demandera pourquoi il s'est levé pour marcher, le patient pourra répondre des choses comme « pour fermer la fenêtre » ou « pour boire ». Comme s'il avait une vraie motivation, alors qu'en réalité, il n'y en a pas. Pourquoi mentir ?

Puisque le cerveau gauche n'a pas véritablement reçu d'information sur la raison de l'action, il va en créer une de toute pièces. Cela montre que l'être humain n'agit pas libre de ses actes, mais plutôt qu'il agit en accord avec la décision du cerveau avant de lui donner une justification, pour lui faire croire que c'est du libre arbitre.

Celui qui pratique la Conscience DK devrait toujours questionner si un acte est réellement de sa volonté, avant de l'effectuer. La plupart des gens pensent agir par intention quand en réalité, ils créent une justification venant de leur inconscient.

Je viens juste d'arrêter d'écrire et j'ai saisi une bouteille d'eau avec ma main droite. Je me suis demandé « Pourquoi est-ce que je fais ça ? » Et la réponse qui m'est venue instantanément : « Pour boire de l'eau ». Cependant je l'ai saisie que par impulsion et sans vraiment de raison valable jusqu'à ce que je me pose cette question. C'est le même mécanisme. La plupart des justifications de nos actions sont des mensonges. Quand je me suis demandé « es-tu si assoiffé que tu as besoin de boire maintenant ? » j'ai obtenu « Non » comme réponse. J'ai donc reposé la bouteille. Même dans une action si anodine, il n'existe pas de libre arbitre. La racine de la plupart des choix et des actes sont les empreintes accumulées dans les profondeurs du subconscient. En bouddhisme, cela se nomme le Karma et en divination le Saju Palja. C'est un concept qui sert à déterminer le destin d'une personne en se basant sur le moment de sa naissance ainsi que sur les philosophies orientales comme le Yin et le Yang ou les Cinq éléments. Ces pratiques estiment également que l'homme n'est jamais réellement libre.

Pensez-vous qu'il est démesuré d'être conscient d'un acte si anodin comme lever ma bouteille d'eau ? Quand on sait que le plus petit des actes vient déjà d'une pulsion, comment peut-on être certains que mes actes plus importants n'en viennent pas également ?

Vous pouvez penser que puisque le libre arbitre n'existe pas, il n'y a rien que vous puissiez faire, qu'aucun effort ne pourra changer votre destinée si besoin. Mais le libre arbitre existe, seulement pas sous la forme où on l'attend. Le libre arbitre n'est pas une volonté qui permet d'agir, mais une volonté qui me permet de ne pas réagir aux pulsions inconscientes. C'est la volonté qui permettra de briser cet attachement aux phénomènes externes, et de pouvoir enfin choisir de vivre avec tranquillité et liberté dans son esprit.

Confucius a dit, « Lorsqu'on a 70 ans, on agit enfin avec pleine conscience et atteint enfin la liberté de pensée et d'action qui nous convient ». Mais vous n'avez pas à attendre d'avoir soixante-dix ans pour atteindre la liberté.

Si vous parvenez à voir la vérité comme elle est avec la Conscience DK, vous pouvez rester silencieux et vous laisser guider par l'intuition. Avec la Conscience DK, vous pouvez atteindre une liberté d'agir réelle et claire, basée sur les faits plutôt que sur des interprétations inconscientes.

Quand une action arrive, utilisez la Conscience DK pour observer si c'est une volonté ou un réflexe du cerveau causé par le Karma. Vous atteindrez le libre arbitre, et ne serez plus confus par les évènements externes.

C'est la vraie liberté d'esprit, celle que Confucius a atteint à l'âge de soixante-dix ans.

CHAPITRE 26

Les empreintes du passé

Rejouer les mémoires et les émotions

La mémoire est un phénomène qui imprime un certain évènement du passé dans le subconscient et qui revient dans le domaine de la conscience. En général, les mémoires passés s'évaporent petit à petit avec le temps, jusqu'à ce qu'elles disparaissent. On a plusieurs fois essayé de capturer les mémoires oubliées dans l'histoire.

A l'époque Romaine, on utilisait une méthode de mémorisation Mnémonique appelée la Pièce Romaine. Les gens imaginaient un espace appelé « Pièce de la mémoire » et y plaçaient les objets qu'ils souhaitaient mémoriser. Le Palais de l'esprit était une forme avancée de la pièce de la mémoire, où l'on pouvait utiliser des nombreuses images dans un ordre précis pour nous relier à la mémoire. Ces connaissances, parfaitement mémorisées, constituaient de formidables ressources pour les individus, et étaient utilisables dans de nombreuses situations.

L'essence de ces systèmes mnémoniques[1] peuvent être des images, des émotions, ou la combinaison d'images et d'émotions. Plus l'image est nette et que l'émotion est forte, plus on pourra maintenir la mémoire. Si vous voulez garder une mémoire en particulier pour une durée prolongée, il vaut mieux combiner l'image et l'émotion pour les garder sous une seule forme. Utiliser les cinq sens, la vue, l'ouïe, l'odorat, le goût, le toucher, est également efficace.

A l'inverse, pouvoir oublier est aussi important que pouvoir se rappeler. Certains disent même que c'est un don de Dieu. Il serait extrêmement douloureux que toutes les mémoires du passé restent aussi vives qu'au premier jour. Plus une mémoire est récente, qu'elle est claire et qu'elle s'estompe avec le temps, plus l'émotion qui lui est associée se dilue. Même une mémoire récente peut être facilement oubliée à moins qu'elle ne déclenche un sentiment inhabituel ou intense.

Les mémoires oubliées sont comme des photographies estompées. C'est au moment où elles s'estompent que vous récupérez de l'énergie émotionnelle. Si une mémoire négative du passé reste vive pendant longtemps, elle va consommer de l'énergie émotionnelle. Si vous ne fournissez plus d'énergie émotionnelle à votre mémoire, elle va finir par s'estomper, et l'énergie utilisée pour maintenir cette mémoire jusqu'à maintenant vous sera rendue.

Mnémonique[1] : La mnémotechnique, ou mnémonique, décrit l'ensemble des applications pratiques de la recherche en psychologie sur la mémoire, et des techniques, parfois très anciennes, qui augmentent les capacités de mémorisation

Si une perte d'énergie est stoppée, cette énergie sera récupérée et utilisée, comme une ressource, et rendra votre esprit et votre vision plus claires. Les mémoires du passé consomment de l'énergie émotionnelle sans arrêt, parce qu'une émotion intense reste associée avec un mémoire vive, et chaque fois que cette mémoire vient à l'esprit, elle va rejouer cette même émotion. Si vous persistez à donner de l'énergie aux mémoires passées sans éradiquer les interprétations, les émotions qui vont s'activer vont aspirer votre énergie émotionnelle comme un aspirateur, peu importe la façon dont vous lutterez. Le karma recrée un autre karma.

A moins de mettre de côté les interprétations de vos émotions, vous allez rejouer les mémoires du passé. Sans interprétations, même si la mémoire est douloureuse, ce sera comme une photo effacée par le temps, un tigre sans dents. Vous pourrez alors reprendre le chemin de vos mémoires calmement.

Personne ne peut changer les faits. Seules les interprétations des faits peuvent être changées. Quand quelqu'un est capable d'exclure les interprétations et de faire face aux faits grâce à la Conscience DK, il se libère des empreintes du passé. Ne pas ressentir d'émotions face à un évènement extérieur indique que l'esprit est en paix, sans obsession particulière. Il est souvent dit que « l'opposé de l'amour n'est pas la haine, mais l'indifférence ». L'indifférence est un état de non-esprit, dans lequel on ne peut être perturbé par aucun phénomène extérieur. De la même façon, le Pardon ne signifie pas « je suis bien avec le fait que tu ais commis un acte mauvais », mais plutôt un non-esprit en disant : « Ce que tu as fait ne me concerne plus ».

En traitant les interprétations du passé avec la Conscience DK, vous pouvez vous libérer des expériences et des empreintes du passé, et vous concentrer sur les faits. La conscience DK sera prolongée, en tranquillité, et vous resterez en Samādhi. Quand Samādhi atteint un certain niveau, vous atteindrez une liberté où vous ne serez plus perturbé par le passé.

Un vieux proverbe dit : « Si vous êtes né vache sans naseaux, vous n'avez pas à travailler puisqu'il n'y a nulle part où vous attacher ». Cela signifie que vous pouvez avoir accès à votre esprit complet et qu'il ne peut être perturbé par rien.

C'est cette liberté qu'il faut poursuivre. Pratiquez la Conscience DK en ce sens.

CHAPITRE 27

La conscience DK et le champ de vision

La relation entre le traitement de l'information par le cerveau et la Vue

Chaque partie du cerveau humain s'active pour traiter les informations qu'elle reçoit, et le type d'informations qu'elle reçoit va déterminer le mouvement de la pupille. C'est pour cela qu'il est possible de deviner à quoi pense la personne que l'on a en face de nous juste en observant le mouvement de ses pupilles. Lorsque l'on va chercher ses mots, la pupille va se placer dans le coin en haut à gauche de l'œil et lorsqu'on fait appel à des souvenirs visuels, la pupille va se placer dans le coin en haut à droite de l'œil.

Supposons qu'on vous demande « alors c'est quoi la Conscience DK ? » Puisque c'est un concept qui fait appel à la linguistique, votre pupille va se diriger vers le coin en haut à gauche de l'œil. A l'inverse, si je vous demande : « Qu'avez-vous mangé hier soir ? », votre pupille pointera vers le coin en haut à droite de votre œil, pendant que vous vous remémorez les images de votre repas d'hier soir.

Vous pouvez vous amuser à essayer de garder vos pupilles droit devant vous pendant que vous essayez de répondre à une question, et il sera très difficile soit de garder le regard fixe, soit d'avoir une réponse claire. Cela indique que le mouvement de la pupille correspond à la région du cerveau dans laquelle est traitée l'information.

En général, le cerveau gauche s'active pour le raisonnement logique, rationnel ou linguistique, ce qui dirigera la pupille vers la gauche. Le cerveau droit s'active en essayant de se remémorer des émotions ou des images. Ce n'est pas une vérité absolue. Les zones de traitement de l'information diffèrent selon les personnes. Pour faire des déductions précises en observant le mouvement des yeux d'une personne, vous devrez poser les bonnes questions, en confrontant des questions sur le passé à des questions sur le futur. Il sera alors possible de déduire, même si ce n'est pas une science exacte, si la personne ment ou si elle dit la vérité.

Il est dit que les yeux sont les fenêtres de l'esprit, mais ceux dont le but est de tromper auront toujours un mensonge de prêt, et on ne peut leur faire confiance, même en scrutant leurs yeux. Il faut garder à l'esprit que la direction et le mouvement de la pupille sont liés à l'information traitée dans le cerveau.

Lorsque l'on est perdu dans nos pensées, notre intention se tourne vers l'intérieur, notre champ de vision se réduit, et notre regard se vide. Perdus dans vos pensées, vous pouvez croiser la personne que vous attendiez ou votre destination sans la voir.

A l'inverse, en gravissant une énorme montagne, votre champ de vision va s'agrandir, vous ouvrira la vue, et apportera sérénité et calme.

Quand l'esprit s'attache aux interprétations, la vue se réduit, et vice-versa. Un champ de vision réduit mène à une compréhension réduite, en noir et blanc, à une attitude tout ou rien lorsque l'on a un problème à résoudre. On ne trouve pas de compromis et on n'écoute pas les solutions proposées par les autres. Quand votre esprit est en paix avec la Conscience DK, cela vous amène une vision plus large qui vous permet d'appréhender un phénomène sous tous les angles. Vous pourrez ainsi déterminer la meilleure méthode à appliquer, et même avoir une approche créative pour résoudre le « problème », basée sur la réalité.

En développant une vision plus large, vous vous libérerez de la pression ou de l'angoisse instantanément devant une situation inattendue. Ce sera peut-être difficile au début. Même en démêlant les faits des interprétations avec la Conscience DK, un évènement soudain peut causer inconfort et débordement d'émotions, vous empêchant de garder le contrôle de votre esprit. Dans ce cas, il peut être particulièrement utile d'ouvrir son champ de vision pour temporairement supprimer l'anxiété. Ce ne sera pas une ouverture de l'esprit à proprement parler, mais plutôt un changement temporaire de champ de vision pour relâcher rapidement l'anxiété.

Pour cela, essayez de voir tout ce que vous pouvez en un regard. Regardez aussi large que vous le pouvez, sans mouvement de la pupille, comme si vous étiez au sommet d'une montagne. Au sommet d'une montagne vous pouvez voir la nature, avec les arbres et le vent qui souffle dans les branches, mais en même temps le ciel et les nuages qui passent lentement, des oiseaux, le village en contrebas avec tous ses détails de vie.

Il est plus difficile de se focaliser sur une seule pensée en élargissant son champ de vision. Vous pouvez ainsi vous échapper des pensées réduites. Où se tourne mon regard lorsque je suis envahi par un problème ? Vers ce problème évidemment. Si votre regard se perd constamment autour de vous alors que vous essayez de vous concentrer sur une tache, vous allez perdre un temps et une concentration considérable. Quand vous regardez trop de choses, il est difficile de se concentrer sur un phénomène, une situation, une pensée parce que vous recevez beaucoup d'informations visuelles, que le cerveau doit traiter.

En ouvrant délibérément le champ de vision pour occuper le cerveau, on l'empêche de se concentrer sur une émotion instable. C'est une solution de « premier secours ». Par exemple, ouvrir son champ de vision est utile quand on est sur le point de faire quelque chose de stressant, comme une présentation devant une large audience.

Mais ce n'est pas une solution durable pour se débarrasser de l'anxiété. Ce processus ne permet pas de se concentrer sur un phénomène, mais bloque la concentration de la conscience. Ceci dit il vaut mieux « bloquer la pensée temporairement » plutôt que de se retrouver « obsédé par les pensées négatives », mais le risque en appliquant cette mesure trop longtemps est de se retrouver avec une obsession pour l'observation des choses dans leur ensemble. Cette mesure est une « béquille », qui permet simplement de stopper le mouvement de l'esprit et de le ramener à la stabilité. Si la stabilité perdure, vous obtiendrez un esprit fort qui ne sera pas perturbé par le changement. Néanmoins, si vous deviez souffrir d'anxiété soudainement, agrandir son champ de vision reste une bonne méthode temporaire pour revenir à la stabilité.

En cas d'incendie, si vous voulez vivre, vous devez sortir en un rien de temps.

Contemplation - concentration - Immersion - Samādhi - Détachement de soi (Anatta).

CHAPITRE 28

La Conscience DK et celui qui regarde

Des capacités cognitives améliorées

En un sens, on peut dire que pratiquer la Conscience DK revient à traiter un flot constant de turbulences, mais dans le calme. Quand on pratique la Conscience DK, on a l'air calme à l'extérieur, mais à l'intérieur, des efforts constants sont faits pour rester à l'affût des interprétations et des faits. L'esprit est toujours attiré par les interprétations. Les nouveautés et les informations qui bombardent constamment les esprits modernes les rendent confus. Il est courant d'entendre qu'on est trop fatigué ou occupé pour prendre le temps de s'occuper de soi. En réalité, on a du mal à se tourner vers l'intérieur en silence. Pendant le temps libre, on essaye de remplir le vide de l'esprit en se tournant vers l'extérieur, pas vers l'intérieur. On ne peut détendre ou reposer notre esprit puisqu'on ne sait pas comment faire, et qu'on a jamais vraiment connu la relaxation de l'esprit. On préfère prétendre que les divertissements et le sommeil vont reposer l'esprit, bien que ce ne soit pas vraiment le cas. Le divertissement est temporaire et mène à de plus grands vides après coup, et le sommeil n'est qu'une obsession pour le repos que certains appellent la mort.

Nous avons tous par nature la capacité de nous reposer, mais nous devons apprendre comment. Le repos de l'esprit est à la fois un entraînement et un résultat. Comme on fait de la musculation pour renforcer le corps, on peut petit à petit améliorer notre capacité à relaxer l'esprit en améliorant nos capacités cognitives, ce qui peut demander un effort. Il est dit : « L'état du Bouddha ne peut être atteint sans effort ». Quand votre esprit est incontrôlable, vous devez savoir qui regarde. Utilisez la Conscience DK et demandez-vous : « Où suis-je maintenant ? », « D'où vois-je la situation ? ». Demandez-vous si vous voyez la situation d'un point de vue interne vers l'externe, ou simplement depuis l'externe. Dans un état profond qui vient d'une analyse des faits, ou dans un état de surface, émotionnel et interprété de façon subjective. Si c'est un point de vue trop externe, l'esprit et le corps commenceront à ressentir de l'angoisse.

Même si vous luttez en focalisant votre regard ou en relaxant votre corps, la confusion, la fatigue, ne partiront pas. Prendre une pause, changer d'endroit ne servent pas non plus à grand-chose. Vous devez simplement vous concentrer sur ce qui perturbe l'esprit. C'est ainsi que le corps et l'esprit ne seront pas perturbés.

C'est comme se retrouver transporté à la dérive par un phénomène externe, comme sur un bateau, sauf qu'on se rend compte qu'on flotte à côté du bateau ! On a aucun contrôle sur l'endroit, la direction, etc.

Ce silence, cette sérénité essentielle au calme de l'esprit, est inexplicable avec des mots, c'est pourquoi j'essaye de vous faire comprendre son sens. Pour trouver l'origine de ce processus, vous devez trouver le point de départ de votre vision. Vous pensez peut-être que vous regardez la situation angoissante à travers vos yeux (de l'intérieur vers l'extérieur). Mais en réalité le point de départ de ce que vous voyez est la situation en elle-même, le phénomène externe qui vous a fait réagir intérieurement. L'esprit s'identifie avec le phénomène externe, et donc le voit.

En d'autres termes, ce n'est pas vous qui regardez l'événement stressant puisque vous n'en avez pas la volonté. C'est l'événement qui est vu et interprété par l'esprit. Ce n'est donc pas vous qui dirigez votre regard. Le regard est comme attiré par la situation.

Trouver le point de départ de son regard n'est pas un exercice facile. Vous devez d'abord prendre conscience que le vrai point de départ du regard est dans votre pupille. Prenez conscience que le point de départ de votre regard est tourné vers l'extérieur en sentant votre pupille. Puis concentrez-vous, les yeux plissés, sur le début de votre regard, traversant la pupille vers l'extérieur. Ainsi, vous devenez celui qui regarde. Ici, il ne faut pas diriger son regard vers l'intérieur mais bien vers l'extérieur, vers le phénomène à observer. En revanche, vous allez vous concentrer intérieurement pour identifier qui regarde la situation. Observez votre réaction entre le moment où vous percevez la situation et le moment où vous la recevez. Votre vrai « moi » est témoin de la situation externe. L'esprit va alors choisir de se placer dans le phénomène externe ou dans le vrai « moi » en conscience du processus.

Les vieilles habitudes ont la vie dure, et l'esprit continuera de s'identifier avec le phénomène externe. Par conséquent, restez conscient de qui regarde, d'où vient le regard, et utilisez votre vue avec précision. Cela vous mènera à la paix.

Quand votre esprit est confus, a peur ou souffre, comme une bougie dans le vent, cela montre que ce n'est pas vous qui voyez la situation. Quand vous devenez capable de séparer celui qui voit de ce qu'il voit, les ombres qui portent sur votre vie disparaîtront et vous deviendrez inébranlable. Ce sera un tournant fondamental dans votre perception de l'extérieur. Ce changement vous semblera évident, mais aura l'air complètement invisible aux autres. Vous vous rendrez compte de la futilité des mesures que vous aurez pu prendre dans le passé. C'est la révélation dont les Sages parlent tous. Ce n'est pas une superstition ou quelque chose de paranormal. Explorez votre esprit et votre existence avec une approche rationnelle et une haute utilisation de vos capacités cognitives avec la Conscience DK.

Pour résumer, observez les faits comme ils sont, restez éveillé grâce à la Conscience DK comme un explorateur découvrant un nouveau monde.

La Sagesse et la Connaissance sont deux choses différentes.

CHAPITRE 29

La conscience DK et la méthode d'observation

Témoigner de soi-même en éveil

La Conscience DK est un outil d'information. Il aide à faire la distinction claire entre les faits en vous laissant observer les évènements et aide à la concentration de l'esprit, vous amène au calme et au Samādhi au quotidien. Il se peut ensuite que des sensations négatives, comme le stress, la peur la nervosité apparaissent. La sagesse est de savoir que l'interprétation n'est pas un fait, mais quelque chose d'éphémère, qui vient et repart. Elle n'a rien à voir avec la connaissance obtenue depuis les textes. C'est une connaissance qui vient de l'intuition et de l'expérience. Ceux qui souhaitent apprendre doivent toujours vérifier leurs connaissances en les testant.

Il est important de pratiquer la Conscience DK avec une attitude positive et ainsi améliorer ses capacités cognitives au quotidien, même quand on ne sent pas de variation de son état d'esprit. La Conscience DK peut être appliquée n'importe où, n'importe quand. Avec notre conscience, nous pouvons contrôler notre respiration. Bien que la respiration soit souvent effectuée de façon inconsciente, on peut également inspirer et expirer quand on le décide. La respiration est liée quasi-directement à l'esprit et l'état d'esprit peut faire changer la qualité de la respiration qui peut engendrer des changements métaboliques et vice-versa. Une respiration rapide et saccadée peut créer de l'anxiété, et une respiration lente, profonde, amène vers la relaxation.

En combinant travail de respiration et Conscience DK, vous pouvez récupérer le contrôle de votre corps. L'objectif ici sera simplement « d'inspirer et d'expirer ». Mais cela peut soulever quelques interprétations : ça me semble bizarre », « Est ce que je le fais correctement ? », « Ma respiration me semble inégale », « Pourquoi est-ce que je me sens mal à l'aise ? ». Laissez ces interprétations de côté, et concentrez-vous uniquement sur la respiration.

Au début, vous serez distrait et pourrez trouver difficile de vous concentrer. Ne changez pas votre respiration. L'interprétation « Je vais respirer plus confortablement » interfère avec le fait que vous êtes déjà en train de respirer.

Il faut exclure toute interprétation du fait que vous êtes déjà en train de respirer. Repérer les interprétations pendant votre respiration est très efficace, mais si cela reste difficile pour vous, vous pouvez utiliser la nomination.

Nominer est un processus très simple, cela vous permet d'étiqueter des choses auparavant invisibles. En les nommant, vous créez une séparation entre vous et l'interprétation, et en créant cette distance, vous en faites un élément externe reconnaissable.

Essayez de reconnaître votre inspiration comme un fait, nommez-la « j'inspire », et répétez ceci dans votre esprit « j'inspire, j'inspire, j'inspire ». Quand vous expirez, reconnaissez-le également comme un fait, nommez le « j'expire » et répétez le dans votre esprit « J'expire, j'expire, j'expire ». Le rythme de la respiration ralentit, et la pause entre les inspirations et expirations peut aussi être reconnue. C'est encore un fait, alors identifiez et nommez le « pause ». Puis répétez le « Pause, pause, pause ». Pendant le même temps, observez toute une série de mouvements qui se déroule dans votre corps. L'abdomen se remplit de l'air qui entre par le nez et reste dans les poumons, puis ressort par le nez pendant que l'abdomen se vide. Au départ, vous serez perturbé par les mouvements de votre corps, notamment si votre respiration est irrégulière. Vous pourrez également constater que des pensées ou des douleurs surgissent.

De tels phénomènes finiront par se calmer. Plus vous vous concentrerez sur la respiration, plus votre corps va se détendre, et la confusion de l'esprit disparaîtra. Si vous continuez à pratiquer cela, votre force de concentration va devenir tellement forte que vous pourrez facilement faire la distinction entre les faits et les interprétations. Cet exercice est également efficace pour se débarrasser des illusions en identifiant les émotions négatives et les pensées perturbantes, et en les nominant dès qu'elles surgissent.

C'est détruire l'illusion par l'illusion, utiliser un médicament pour contrôler le poison.

Pendant que vous êtes conscient de votre respiration, si une pensée arrive, comme « je m'ennuie », remarquez le fait que ce n'est qu'une interprétation, étiquetez-la comme « ennui », et répétez-la en pleine conscience, jusqu'à ce qu'elle disparaisse. Une fois que la pensée disparaît, ramenez votre conscience à la respiration.

Si une autre pensée arrive en même temps, répétez le même processus. Par exemple, si une pensée comme « Qu'est-ce que je vais manger ce midi ? » arrive en même temps que la pensée « Ennui, ennui, ennui », étiquetez-la comme « repas » et répétez-la. Si les pensées « je m'ennuie » et « mon prochain repas » arrivent en même temps, vous pouvez l'étiqueter en tant que « ennui-repas ».

En revanche si trop de pensées arrivent en même temps, vous devriez les étiqueter sous une seule et même étiquette « distraction ». Observez les pensées jusqu'à ce qu'elles disparaissent, et retournez à votre conscience en respiration, en vous répétant « inspiration, pause, expiration ».

Il y a d'autres interprétations qui vont inclure les réactions du corps. Quand vous avez soudainement faim, vous pouvez vous sentir dépassé par cette envie, comme une pulsion, d'arrêter d'observer votre respiration, et de trouver quelque chose à manger. Dans ce cas, plutôt que de le faire, étiquetez cette interprétation comme « faim » et observez-la jusqu'à ce qu'elle disparaisse. La faim n'est peut-être que passagère. Certaines expériences ont montré que plus une personne se sentait seule, plus elle avait de chances de faire des excès, et que certaines personnes comblent certains manques avec la nourriture. Il est possible que vous mangiez souvent non pas parce que vous avez réellement faim mais pour combler un manque, ou par habitude. Continuez donc à identifier les interprétations subjectives qui interfèrent avec les faits, et retournez à la respiration. Quand la peur du passé ou du futur émerge, étiquetez-la comme « peur », et répétez « peur, peur, peur » pour bien l'identifier, et ensuite la laisser partir. Si une mémoire sympathique arrive, étiquetez-la comme « joie » et regardez-la jusqu'à ce qu'elle parte, en vous répétant « joie, joie, joie ». Tout sauf les faits objectifs sont des interprétations et devraient être observées jusqu'à leur disparition.

Si vous continuez à donner un nom et à surveiller vos interprétations, les émotions intenses peuvent disparaître d'elles-mêmes. Ne laissez pas d'opportunité à votre esprit de créer des interprétations subjectives en vous concentrant constamment sur la respiration. Cette méthode n'est aussi facile qu'elle en a l'air. Si vous vous persuadez que les interprétations subjectives ne durent pas, en ne perdant pas le fil de vos pensées, elles finiront par diminuer et disparaître. En revanche, si vous essayez de stopper les pensées, elles vont perdurer. Quand vous pratiquez la Conscience DK, essayez d'être comme un parent qui surveille son enfant en crise avec un regard bienveillant, jusqu'à ce qu'il arrête de pleurer de lui-même, cela sera plus efficace que de vous énerver à essayer de l'empêcher de pleurer.

Si vous essayez de garder le contrôle de votre respiration avec la Conscience DK, vous trouverez ce processus facile, bénéfique et amusant. Il peut être amusant d'observer tout ce que l'esprit va mettre en place pour l'empêcher d'atteindre un état calme. Vous avez néanmoins toutes les clés pour atteindre la paix de l'esprit.

Cette méthode fonctionne très bien au quotidien et vous permet de vous calmer simplement en faisant attention à votre respiration. Quand vous vous trouvez balayé par les interprétations, vous pourrez rester calme en tournant votre intention vers votre respiration.

Un autre avantage de se concentrer sur la respiration est de pouvoir observer les mouvements magnifiques du corps. La simple respiration crée une série de mouvements harmonieux dans le corps, auquel il n'y a rien à ajouter. Il suffit juste de s'éveiller à la beauté de ces mouvements. Petit à petit, votre capacité à observer va s'améliorer, puis disparaîtra, et seule la respiration restera.

Bodhidharma a dit une fois, « Les lois de l'observation de l'esprit embrassent toutes les actions ». Tout ce dont ont besoin les racines pour pousser sont de l'eau et de l'attention, il n'y a pas besoin de se préoccuper des branches ou des fruits. Observer avec la Conscience DK est suffisant pour atteindre la paix de l'esprit.

Vous ne devez pas vous forcer à atteindre Samādhi ou l'oubli de soi puisqu'il arrivera naturellement en étant calme. Ne vous inquiétez pas de ce qui vous arrive. Les choses arrivent toujours au moment opportun.

Quand un disciple demanda à son maître quel était le but de cet exercice, le maître répondit : « de rester éveillé quand le soleil se lève ». Pourquoi pratiquer la Conscience DK ? Cela ne vous garantira pas d'obtenir ce que vous voulez. Certains n'ont même pas obtenu ce qu'ils voulaient après un long entraînement. Ce n'est peut-être même pas votre destinée dans cette vie. Ce n'est pas quelque chose qu'on peut accomplir en le désirant. Le but de la Conscience DK est de vous préparer à ce jour ou un invité vient toquer à votre porte, sorti de nulle part, et de ne pas en être surpris. Qu'importe si la nuit est sombre et profonde, si vous êtes préparé, vous repérerez le moment.

Si vous doutez vraiment de votre progression, essayez de voir si votre vision est devenue plus claire après votre pratique. L'effet doit être relaxant, rafraîchissant. Si votre tête se sent plus légère, et votre corps plus chaud, tout est en bonne voie.

Attention également à un désir de noblesse.

L'ego peut prendre peur quand toutes les interprétations sur lesquelles il s'est basé disparaissent petit à petit avec la Conscience DK. Comme si tout ce auquel il s'attachait s'envolait en l'air. Comme le corps et l'esprit deviennent plus légers, une nouvelle conscience démarre. Ainsi, vous constaterez les peurs de l'ego et qu'il vous empêchait d'accéder à tout un pan de votre vie.

C'est à ce moment que vous allez vous éveiller et voir. Ne vous forcez pas cependant à tout voir. Laissez-vous le temps d'expérimenter, de vivre ces changements dans votre vie de tous les jours, en reconnaissant ce qui vient de l'intérieur et de l'extérieur avec la Conscience DK. C'est en vivant cela que vous le comprendrez. Votre quotidien changera, et vous pourrez vivre pleinement chaque moment. Ce sera qualitativement différent, une connaissance absolue, et immuable.

C'est le but de la pratique de la pleine conscience. Tout ce qui n'est pas silence n'est pas de l'entraînement de l'esprit, mais un désir. S'entraîner, c'est trouver le calme. Le Dào, les révélations, les « pouvoirs » ne sont que le résultat d'un entraînement.

Y croire peut tout changer.

CHAPITRE 30

La puissance d'implanter la Conscience DK

Sécuriser les ressources disponibles du cerveau

Quand vous décidez d'acheter des baskets, vous devenez soudainement beaucoup plus intéressé par les baskets des autres. C'est parce que l'esprit, par nature, s'intéresse aux choses externes. Le subconscient humain reçoit et analyse des informations spécifiques par le biais des yeux, et filtre celles qui sont ou non nécessaires.

Tout le monde perçoit le monde différemment, alors que nous vivons bien dans le même monde et à la même époque. Les gens vivent dans leur propre monde, un monde d'interprétations. Ce qui est vrai dans un monde, peut paraître faux dans l'autre.

Pour une expérience, des sujets étaient placés à un endroit et on leur demandait d'observer les alentours, puis de fermer les yeux. On leur posait ensuite des questions sur leur environnement : « Combien y avait-il de femmes d'un âge moyen ? » par exemple. La plupart ne pouvait pas répondre. En ouvrant les yeux, ils étaient surpris de voir que le nombre qu'ils avaient donné était plus grand que la réalité.

Comment se fait-il qu'un exercice d'apparence si basique soit si compliqué ? En fait, les informations spécifiques telles que le nombre de femmes ne leur paraissaient pas importantes. Le subconscient a donc délibérément laissé de côté cette information. C'est une fonction primordiale du cerveau. S'il devait obligatoirement traiter toutes les informations qui transitent par les yeux, le cerveau utiliserait bien trop d'énergie, et serait surchargé. Dans l'expérience, s'ils avaient pris des sujets ayant pour intérêt les femmes de plus de trente-cinq ans, les sujets aurait fait plus attention, et auraient eu plus de chances de répondre correctement.

Ce monde est un monde d'interprétations remplies d'intérêts individuels. Prenons l'exemple de *Sherlock Holmes*, dont l'occupation principale est de démasquer des individus avec leurs habitudes anodines et les indices qu'ils laissent derrière eux. Il vit dans un monde complètement différent de celui de son collègue Watson alors qu'ils vivent au même endroit et au même moment. N'étant pas équipé d'un sens aigu de l'observation comme Sherlock, Watson ne peut voir comme lui mais vit indirectement dans le monde de Sherlock.

Les « génies » excellant dans un domaine de prédilection sont parfois bien en dessous de la moyenne dans d'autres domaines. Les gens ordinaires ne peuvent pas toujours devenir des génies, même avec de l'entraînement, mais ils peuvent au moins améliorer leur intellect. On dit un peu facilement que Einstein utilisait 15 % de son cerveau, mais que la plupart des gens n'en utilisent que 10 %.

A quoi ressemblerait l'être humain s'il pouvait utiliser l'entièreté de ses capacités cérébrales ? Des films comme *Limitless* ou *Lucy* explorent cette question. Les deux films racontent la vie de quelqu'un de marginal, qui obtient en se droguant des capacités cérébrales décuplées et développe des quasi « super-pouvoirs » du jour au lendemain ainsi que des capacités physiques hors normes. Ces films prétendent qu'en utilisant seulement un ou deux pour-cents de notre cerveau en plus, on pourrait déjà décupler nos capacités intellectuelles.

En vérité, nous utilisons tous déjà 100 % de notre cerveau, mais la plupart des zones actives de notre cerveau appartiennent au subconscient pour des fonctions de survie. Le cerveau fonctionne jour et nuit, pendant toute notre vie. Il perçoit des évènements externes, traite des informations, et maintient l'homéostasie[1] du corps pendant le jour, toujours en traitant les informations obtenues la nuit.

Les informations qui sont difficiles à assimiler vont subir un traitement supplémentaire à travers les rêves, en reproduisant des informations pour que le soi s'y habitue. Les êtres humains utilisent déjà 100 % de leur cerveau pour que les organismes sophistiqués restent fonctionnels.

Puisqu'une grande partie des ressources du cerveau est allouée aux activités vitales, les ressources pour la conscience sont toujours insuffisantes. Réduire les ressources des activités vitales et les utiliser pour la conscience est impossible, puisque cela aurait un impact direct sur le maintien de la vie. Les ressources utilisées pour la survie ne peuvent être réduites.

[1]*L'homéostasie : on désigne aussi par homéostasie la capacité globale d'un système à maintenir tout un ensemble de tels facteurs clés, notamment chez un organisme vivant.*

Alors comment utiliser au mieux son cerveau ? C'est possible en arrêtant l'utilisation inutile des ressources de l'inconscient, et en les récupérant, notamment grâce à la Conscience DK. Jusqu'à 5 % de ressources peuvent être mieux utilisées.

Ce n'est pas un principe de sur-utilisation de son cerveau, mais plutôt de redirection des ressources mal utilisées. Si vous avez du mal à vous concentrer sur un projet de travail, c'est parce que vous avez des pensées qui vous perturbent. Ces pensées, qui sont des interprétations, consomment des ressources que vous pourriez plutôt utiliser pour la conscience, et effectuer vos tâches plus efficacement.

En vous débarrassant des interprétations subjectives avec la Conscience DK, la pensée inconsciente s'arrête, et ses ressources peuvent être utilisées ailleurs, pour une conscience plus élevée ou pour un travail qui nécessite de la concentration. Comme les cernes d'un arbre qui grandissent de plus en plus chaque année, le pouvoir du mental deviendra plus fort et s'enracinera dans le calme.

Pratiquer la Conscience DK toute votre vie vous permettra de conserver plus efficacement des ressources du cerveau, mais vous apportera également la sagesse et une vision plus claire du monde.

Les efforts répétés forment la base du changement.

CHAPITRE 31

Le Sens véritable de la bonne fortune

S'éveiller

Quelle est le plus gros obstacle qui vous empêche d'atteindre vos objectifs ? Qu'est ce qui pourrait vous donner la force de continuer ? C'est vous même ! Si les circonstances extérieures ou les découragements des autres vous mènent à arrêter vos efforts et à abandonner, sachez que la responsabilité d'arrêter ou pas vous revient. C'est vous qui décidez si vous arrêtez vos efforts, pas les circonstances extérieures.

Les évènements extérieurs appartiennent aux faits, et il s'agit de votre responsabilité d'avoir ou non une interprétation subjective. C'est pourquoi vous ne pouvez blâmer la situation. Ces situations sont des phénomènes externes, et rien n'est réel sauf vous, qui observez la situation. Vous pouvez accepter les interprétations sans critiques.

Je voulais connaître les principes fondamentaux de la force physique alors j'ai appris de nombreux arts martiaux et sports, et étudié la puissance des mouvements du corps. Les gens autour de moi me disait que je ne devais pas m'entraîner ainsi. Leurs commentaires n'étaient pas basés sur l'expérience, alors je les ai ignorés, et j'ai continué ma voie. J'ai plus tard compris l'essence de la puissance et je l'ai enseignée à de nombreuses personnes au travers de théories et principes.

Si j'avais écouté les critiques et abandonné, je n'aurais jamais pu réussir à faire tout cela. C'est très utile de pouvoir exclure les interprétations subjectives des autres et des situations pour seulement se concentrer sur les faits, et accomplir son but. La pulsion de l'autocritique, les commentaires négatifs, déclenchent des comportements qui perturbent le succès. Ils viennent des abysses du subconscient, de votre part d'ombre, et créent des ordres détournant votre esprit, lui-même victime consentante de ce mécanisme. Ces pulsions venant de l'esprit ne sont pas vôtres puisqu'elles sont créées de toute pièces. Elles ne sont pas non plus durables et disparaissent petit à petit avec le temps. Si vous observez d'autres choses que vos intentions dans votre esprit, ce sont des interprétations.

Il y aura aussi des pulsions de l'esprit quand il se fera balayer par les évènements extérieurs. Comme le dit le proverbe « voir c'est vouloir », les actions sont déclenchées par le simple fait de voir quelque chose sans intention préalable. Les pensées interfèrent souvent avec la détermination, mais c'est souvent difficile de s'en rendre compte. C'est un phénomène si puissant que c'est souvent après avoir agi que l'on réalise à quel point cette action était si éloignée de notre intention originale. La Conscience DK sert à s'observer, et à détecter ces pulsions pour n'en manquer aucune.

Cela permettra également de résoudre un autre problème, plus important. Dans le proverbe « une réparation dans les temps en prévient neuf », il est dit qu'une pulsion doit être traitée tant qu'elle est encore contrôlable pour qu'elle ne mène pas à l'action. Si vous trouvez trop difficile de rester vigilant, vous pouvez utiliser une mesure plus radicale, étiqueter cette pensée qui se soulève comme : « ce n'est pas à moi ».

Examinez-la ensuite avec la Conscience DK. Les interprétations impulsives vont apparaître d'un coup, et ce sera à vous de faire le tri, et de les abandonner. Si vous ne le faites pas, ces pensées vont pousser comme une forêt de bambous, sans même que vous vous en rendiez compte. De la même façon, méfiez-vous du contentement. Il est dit qu'avec le bon vient le mauvais, et quand l'esprit devient excité, un mouvement suit sa route. Ce « mauvais » ne vient pas de l'extérieur, mais bien de l'intérieur et des interprétations.

Au moment où vous agissez sous l'impulsion d'un état d'excitation, vous devenez victime du mal. Shao Yong[1] (1011-1077) disait : « Ne dites jamais que vous n'avez rien à craindre d'une vie d'insouciance paisible. Au moment où vous le prononcerez, des obstacles surgiront. Trop de boisson dans votre bouche amène la maladie, trop de plaisir dans l'esprit amène le désastre. Il est préférable de prévenir la maladie plutôt que de la combattre. » Quand vous vous sentez bien, faites attention à ne pas sur réagir ou à vous contenter. Ayez toujours l'œil sur les pulsions différentes de vos intentions. On peut facilement voir

[1]*Shao Yong, prénom social Yaofu, appelé Shào Kāngjié après sa mort, est un philosophe chinois, cosmologue, poète et historien de la période de la dynastie Song qui a largement influencé le développement du néoconfucianisme en Chine. Shao est considéré comme un des hommes les plus cultivés de son époque.*

les dégâts causés sur nos vies par les actions prises sous l'impact de pulsions, de coups de têtes. Certaines célébrités ont tout perdu du jour au lendemain à cause d'un comportement ou d'une phrase. Ils ont momentanément perdu le contrôle d'eux même et leurs actes les ont menés au désastre.

Certains diront qu'ils ont été « possédés par un mauvais esprit », tant leur acte surprend. Le terme « mauvais esprit » décrit le fait qu'ils se sont identifiés à leurs interprétations.

La Conscience DK permet d'éviter de telles erreurs en se concentrant sur les faits, et de ne pas être confus par les interprétations. Vous pouvez prévenir certaines pulsions en vous rappelant comment une telle pensée vous est arrivée.

Confucius disait : « Si vous voulez connaître le futur, regardez dans le passé. Un miroir net est un outil pour prendre soin de votre apparence, mais le passé est un outil pour refléter le présent. Le passé est net comme un miroir, et ce qui n'est pas encore arrivé est trouble comme un vernis ». Vous pouvez apprendre de vos leçons du passé pour influencer votre présent.

L'esprit aime répéter les mêmes choix du passé et pousser aux mêmes comportements, alors prenez garde à ne pas répéter les mêmes erreurs. Identifiez-les avec la Conscience DK. La conscience vous permettra de distinguer les actions qui vous sont bénéfiques ou destructrices, et vous empêchera de faire de mauvais choix. C'est ainsi que vous deviendrez acteur des changements de votre vie.

C'est le véritable sens de la bonne fortune (chance), qui ne peut pas être obtenue avec des superstitions, des amulettes ou des rituels Chamaniques mais par la détermination et la persévérance. Vous pouvez changer votre vie en étant conscient de vos habitudes d'interprétations et en faisant continuellement des choix et des actions basées sur les faits.

La vie consiste en une série de choix et d'actions. Une fois que vous êtes conscient des pulsions qui vous détournent de votre potentiel, vous ne serez plus perturbé par les évènements extérieurs.

En pratiquant la Conscience DK, vous constaterez qu'il sera plus facile de trier les interprétations que de se focaliser sur les faits. Comme la justice se dévoile quand l'injustice est réparée, les faits se révèlent automatiquement quand les interprétations sont retirées. Le ciel est toujours là, et quand les nuages partent, il se révèle pleinement. Il suffit de s'asseoir et de le regarder.

C'est la voie la plus simple et la plus efficace. Il n'existe pas de pilule magique pour couper toutes les émotions négatives d'un coup. La seule pilule magique est de rester pleinement conscient dans les situations difficiles et de résoudre le problème. Ayez les yeux pour résoudre le problème, sans être confus par les interprétations, l'angoisse ou la peur, et la capacité à rester éloigné des pensées impulsives pour pouvoir continuer à observer.

La pilule magique c'est vous.

Le *Mingxin Baojian*, un recueil ancien de citations et textes Chinois classiques, cite dans un de ses passages : « Il est impossible de prévoir ce qu'il va se passer demain matin et également ce qui va se passer ce soir ». Votre détermination et votre volonté peut chavirer à n'importe quel moment.

C'est pourquoi j'insiste toujours sur le fait que la persévérance et l'humilité sont essentielles.

Restez éveillé avec persévérance en utilisant la Conscience DK.

Trouvez l'oubli de soi avec la contemplation
et la maitrise de l'esprit

CHAPITRE 32

Transcender le corps

La douleur physique et les interprétations

On prend notre corps très au sérieux, souvent plus inquiets d'une écharde dans notre doigt que de la maladie grave de l'autre. Nous avons vu que les symptômes psychologiques, comme l'anxiété et la peur, sont des interprétations. Dans ce chapitre, je vais expliquer que de la même façon, les douleurs physiques sont aussi des interprétations.

Après six années passées assis à méditer sous son arbre pour atteindre l'illumination, Bouddha n'avait plus que la peau sur les os. Pourtant sa bouche portait un grand sourire et ses yeux mi-clos brillaient encore vivement. Il n'y avait pas de trace de perturbation.

Ramana Mahardhi (1879-1950), un sage Hindou *Jivanmukta*[1] avait atteint Samādhi en se demandant « Qui suis-je ? ». Dans ses dernières années, il a subi quatre chirurgies pour retirer la tumeur dans son coude gauche, sans anesthésie.

Dans la Romance des Trois Royaumes, une nouvelle Chinoise du quatorzième siècle, Guan Yu reçoit une flèche empoisonnée dans le bras droit. Hua Tao, un médecin renommé, dut faire une incision dans l'os pour retirer la flèche, sans anesthésie. Pendant ce temps, Guan Yu discutait, et jouait au Go.

Il existe de nombreuses anecdotes racontant comment des sages ont dépassé les douleurs physiques par une incroyable force mentale. Ce n'étaient pas des hommes biologiquement spéciaux. Ils pouvaient ressentir la douleur comme tout le monde. Mais il y avait une différence cruciale entre eux et les gens normaux. La plupart des gens s'identifient à leurs douleurs, mais les sages savent que cette douleur n'est pas « eux. » La douleur est un savoir basé sur l'expérience. Leurs esprits restent tranquilles et ne sont pas perturbés par la douleur, dans un espace où les pensées sont stoppées et sans turbulence.

Le détachement de soi permet de se libérer de la douleur du corps puisqu'on devient capable de faire clairement la distinction entre la souffrance et celui qui souffre. La douleur physique est une interprétation subjective, et vous pouvez vous en libérer à la manière des grands sages si vous parvenez à observer la douleur sans confusion avec la Conscience DK.

La douleur physique est une expérience insoutenable pour beaucoup et il sera difficile d'accepter le fait qu'elle ne leur appartient

[1]*Jivanmukta dans l'hindouisme un yogi ayant atteint, durant son vivant, l'état de moksha, la libération (jīvanmukti) du cycle des réincarnations*

pas. Mais ce n'est pas impossible. Nous oublions trop souvent de faire la séparation entre « la douleur » et « celui qui ressent la douleur ».

Prenons un exemple très simple : Quand vous regardez votre émission favorite, que vous jouez aux jeux vidéos ou que vous vous plongez dans votre passe-temps préféré, vous oubliez la douleur. Il vous est peut-être déjà arrivé d'oublier la douleur pendant que vous paniquez, et de sentir la douleur revenir une fois que vous êtes calmé. Si la douleur vous appartenait vraiment, dans des cas comme ceux-là, elle ne vous quitterait pas.

Le soi n'est pas transitoire, mais existe tout le temps. Sentir une douleur physique et l'oublier dépend de si on porte son attention dessus ou non. La douleur se fait ressentir quand l'esprit y prête attention et vice-versa. La douleur est une interprétation. Quand vous le réalisez, vous serez libre des douleurs physiques. Vous pourrez même croire que dépasser les douleurs physique est possible. Cette histoire extraordinaire raconte l'histoire d'un homme ordinaire :

Aron Lee Ralston (né en 1975), faisait du canyoning dans l'état de l'Utah, dans le sud-est américain. Il a soudainement glissé dans un gouffre et son bras s'est retrouvé coincé entre des rochers. Au début, il n'a pas pris le problème au sérieux. Puis, quand il se rendit compte qu'il ne pourrait pas retirer son bras, il fut pris de panique. Pendant plusieurs jours, il ressassa le passé pour se demander ce qu'il avait fait de mal, puis repris petit à petit contrôle de lui-même, et affronta le fait qu'il devrait se couper l'avant-bras lui-même s'il voulait survivre. Il réussit à le faire avec un canif et fut sauvé six heures plus tard.

S'il avait été resté bloqué dans l'horreur de la situation, sans pouvoir réfléchir, il n'aurait certainement pas pu s'en sortir. A l'inverse, il a exclu toute interprétation, s'est concentré sur les faits, et a trouvé la meilleure solution à sa disposition pour résoudre sa situation. Il est passé d'un esprit tourné vers les interprétations subjectives comme la peur, les regrets, les mémoires passées, à un esprit tourné vers le fait du moment présent. Pour lui, le fait est que son bras est coincé par la roche. Plus il s'est concentré sur ce fait, plus il a réalisé que tirer sur son bras ne servirait à rien, et qu'il devrait trouver une autre solution, couper son bras. S'amputer le bras à l'air d'une solution extrême mais le choix était clair pour lui : se couper le bras ou la mort. Il a choisi, et vit maintenant une vie bien active d'aventurier.

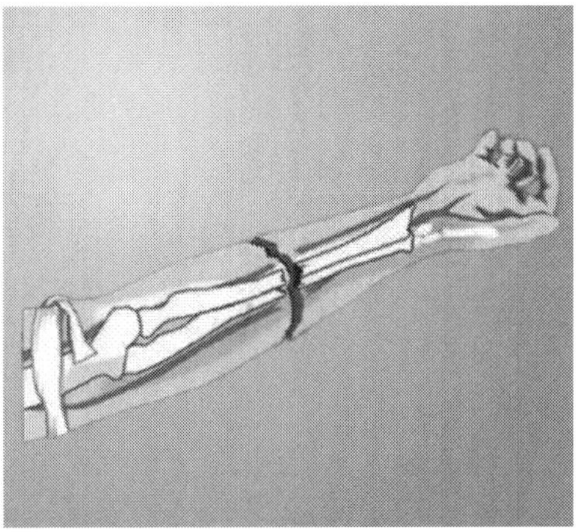

On ne peut pas savoir si Aron fait partie de ces sages ayant transcendé la douleur physique, mais je pense que cette expérience a amené à ce jeune homme américain une connaissance profonde de lui et de sa vie. Il a publié son autobiographie et son aventure a été adaptée au cinéma sous le titre « 127 heures. » Pendant les premières projections, bon nombre de personnes ont fait des malaises pendant la scène ou Aron s'ampute le bras, et certaines ont même dues être emmenées à l'hôpital. Le film n'est pas particulièrement violent, mais les spectateurs s'identifiaient totalement au personnage à l'écran. Leur cerveau vivait la douleur du personnage comme la leur, et leur corps réagissait. C'est un bon exemple qui montre que l'esprit peut aussi mener à la douleur.

Dans l'histoire, de nombreuses expérimentations ont été menées sur des prisonniers. Une expérience voulait prouver que l'interprétation de l'esprit pouvait affecter le corps. Un prisonnier dans le couloir de la mort se faisait cacher la vue, et était informé qu'il serait mis à mort en pratiquant une légère incision insensible sur son cou. Le prisonnier cru que c'était réellement en train de se passer, paniqua, et mourut d'une crise cardiaque. Une autre expérience avait été menée, où le sujet était approché par le « scientifique », qui portait un bol d'eau froide et qui fumait comme si elle était bouillante (à l'aide de glace carbonique). Ils ont alors versé l'eau sur le sujet, qui a alors développé de réelles brûlures.

Les interprétations peuvent affecter le corps. Une volonté forte peut vous permettre de transcender la douleur physique, mais les fausses croyances peuvent aussi causer de la douleur physique. Rappelez-vous que la douleur physique fait également partie des interprétations subjectives, et que vous pouvez faire la séparation entre vous et la douleur avec la Conscience DK.

Lorsqu'une situation vous affecte physiquement et mentalement, vous pouvez choisir entre vous sentir démuni et ne rien faire ou observer l'esprit avec détachement.

Si vous persévérez dans la Conscience DK, vous constaterez votre changement, et vous réaliserez que la souffrance, et même la mort sont toutes des interprétations subjectives, et pourrez enfin vous libérer.

La liberté des évènements externes
est le détachement de soi.

CHAPITRE 33

La mort est juste une interprétation

Transcender la mort

Sengzhao (384-415), qui a établi les fondations du Bouddhisme Chinois, il y a 1600 ans, était un des quatre principaux disciples de Kumarajiva, qui avait atteint une profonde maitrise de la philosophie Kong (le Vide) du Bouddhisme Mahayana. Il montrait un très grand talent pour le débat et les études. Beaucoup étaient jaloux de ses talents, et certains ont cherché à le tuer. Sa réputation le fit connaître jusqu'à Yao Xin, alors empereur de la dynastie Qin. L'empereur le voulait à tout prix à ses cotés, et essaya d'attirer Sengzhao avec insistance, en lui proposant de l'argent, des femmes, et un poste de premier ministre.

Sengzhao refusa toutes les offres de l'empereur. Furieux, l'empereur fit exécuter Sengzhao à l'âge de 31 ans, qui écrivit un poème dans les tous derniers moments de sa vie :

« Les quatre éléments sont depuis l'origine impermanents.
Les cinq Skandhas[1] *sont irréels.*
Quand la lame blanche rencontrera ma tête,
Elle ne tranchera que le vent du printemps ».

Sengzhao est en pleine conscience, même face à la mort. A ce moment, son esprit n'est pas dans la peur mais dans l'essence, l'absence de pensée. Ce poème signifie : « Moi, en tant qu'ego je n'existe pas, alors l'épée ne coupera que du vent ». Il montrait une détermination exceptionnelle en se focalisant toujours sur les faits. Même en présence de la mort, si l'esprit est stable et tranquille, il n'y aura pas de peur. Il en existe de nombreuses anecdotes, dans le monde oriental et occidental. Bodhidharma s'est laissé condamner à mort par empoisonnement par Cao Cao, chef de guerre Chinois et avant dernier chancelier de la dynastie Han, sans même bouger un cheveu. Socrate était en train de parler à ses voisins pendant qu'il prenait le poison.

En 1456 en Corée, les « six ministres martyrs » ont été condamné à l'empoisonnement par le Roi Sejo. Le roi leur offrit la vie en échange de leur soumission. Ils refusèrent. Le général Yi Sun-sin, qui a repoussé de nombreux assauts japonais, s'est sacrifié pour la victoire de la dernière bataille.

[1]Skandhas peut être traduit par « groupe », « agrégat », « facteur constitutif de l'ego ». Dans le bouddhisme on compte cinq agrégats constitutifs de l'individu: la forme corporelle, la sensation, la perception, la formation mentale et la conscience.

Tous ces hommes avaient un esprit inébranlable et une détermination exceptionnelle jusqu'à leur fin. La mort pour des esprits pareils est juste une autre interprétation. Ceux qui ont atteint la paix de l'esprit avec la Conscience Dk resteront imperturbables même face à la mort.

Mais ce qui vaut pour la mort vaut aussi pour la vie. Restez éveillé avec la Conscience DK et ne polluez pas votre esprit avec des interprétations. Si vous vivez en paix, la mort ne sera qu'un fait de plus.

CHAPITRE 34

La Conscience DK et Caigentan

L'esprit absolu qui ne peut être perturbé

D'après le Caigentan, un livre philosophique ancien de la dynastie Ming écrit par Hong Zicheng, si vous voulez repousser les démons, vous devrez d'abord soumettre votre propre esprit. Comme votre esprit se rend, les démons partiront. Vous devez laisser votre esprit se rendre pour l'empêcher de réagir vivement aux phénomènes extérieurs.

Han Yong-woon, un poète et Bouddhiste réformateur du vingtième siècle, a dit « qu'un démon n'est pas une entité à part, mais un esprit qui tourne en boucle et qui n'arrive pas à voir les choses et finit pas commettre des actes de démon ». C'est l'esprit qui crée un démon, une confusion interne causée par l'environnement ou un évènement. Un doute qui se soulève dans l'esprit est un démon, et quand l'esprit se calme, alors le démon se calme aussi. Pour soumettre un démon, vous devez soumettre celui qui le voit. Si vous vous débarrassez de l'idée du démon, tous les démons disparaissent en même temps. Si celui qui a causé le phénomène finit par l'abandonner, l'esprit qui lui est associé disparaît aussi.

On peut lire aussi dans Caigentan, « *Quand les cieux amènent la malchance à quelqu'un, ils lui donnent d'abord un petit morceau de chance pour le rendre fier. Par conséquent, quand vous tombez sur un tel morceau de chance, ne vous perdez pas dans l'excitation mais essayez de prévoir l'opposé. Quand les cieux amènent la bonne fortune à quelqu'un, elle leur donne auparavant un peu de malchance, comme pour les prévenir. Alors si vous vous retrouvez face à la malchance, ne vous perdez pas dans vos soucis, mais essayez de prévoir l'opposé.* »

Cet extrait décrit la nature même de l'esprit humain. Les gens prennent la bonne fortune comme un acquis et deviennent arrogants, croyant que cette chance est leur création. Ceux qui montre leur chance comme telle s'exposent à la vanité et aux actes malsains, leur apportant mauvaise fortune. Cette vanité vient de l'interprétation de l'esprit et du fait qu'il n'est pas capable de voir les faits tels qu'ils sont. La chance est juste un évènement bénéfique.

En réalité, l'état de quelque chose ne peut être déterminé par « bien » ou « mal » ; il s'agit simplement de savoir si c'est un fait ou pas. C'est l'esprit qui interprète le bien ou le mal, ce qui n'est pas un problème en soi. Cependant, petit à petit, cette interprétation grandit en narcissisme, attribuant le Bien à l'excellence d'un seul homme. Les interprétations nous poussent souvent à aller trop loin dans cette vanité, et mènent à notre perte.

La Bonne fortune peut être la graine semée par la malchance et un appât pour les démons. Soyez toujours conscient des mouvements de votre esprit et des actions qui en découlent. Concentrez-vous uniquement sur les faits avec la Conscience DK. Hong Zicheng dans le Caigentan en était conscient. Dans le même temps, même si vous vivez une petite malchance, focalisez-vous toujours uniquement sur les faits. Quand les cieux amènent la malchance à quelqu'un, elle lui donne d'abord un petit morceau de chance pour le rendre fier. Si vous n'êtes pas perturbé par la malchance en vous concentrant sur les faits, vous aurez la bonne fortune pour le reste de votre vie. Être attrapé par les pensées négatives comme « Je me vois échouer, je n'arriverai à rien », va tuer la poule aux œufs d'or. Un esprit emmêlé dans la négativité est aveugle à la bonne fortune qui se trouve au coin de la rue.

Il est indispensable de garder l'esprit en silence et ne pas réagir à rien. Tout peut être de bonne ou de mauvaise fortune suivant comment on le perçoit. Quand l'esprit est positif, la mauvaise fortune peut devenir une bénédiction, et vice versa. Essayez de contrôler votre esprit avec la Conscience DK. Ceux qui ne perdent pas le cœur peuvent surmonter toutes les souffrances que leur amènent les cieux.

Un passage de Caigentan illustre cela :

« Si les cieux me donnent une alléchante bonne fortune, je la recevrai avec abondance de vertu. Et si les cieux épuisent mon corps, je prendrai soin de mon corps vidé. Et si les cieux me donnent une mauvaise fortune, j'ouvrirai ma voie avec le Dào[1]*. Alors que me feront les cieux ? »*

Dào : Tao est un terme de philosophie chinoise. Le Tao est la « Mère du monde », le principe qui engendre tout ce qui existe, la force fondamentale qui coule en toutes choses de l'univers. C'est l'essence même de la réalité, par nature ineffable et indescriptible.

Ce passage montre qu'un esprit qui ne peut être perturbé par rien, toujours calme et concentré sur les faits, n'a que faire de la bonne ou de la mauvaise fortune. Cette attitude est ce que nous cherchons à atteindre à travers la Conscience DK. Quand votre esprit est silencieux et imperturbable, même les cieux ne pourront vous heurter.

« Un esprit non-attaché est le pur soi ».

La connaissance de soi amène la force de l’intuition.

CHAPITRE 35

L'ordre de la Conscience DK

Gōng, Quán, Zhàn

Dans ce chapitre, je vais expliquer les Concepts de Gōng, Quán et Zhàn dans la Conscience DK. Ces trois concepts sont comme les trois jambes d'un trépied. Si la longueur des pieds est différente, le trépied sera de travers ou tombera, inutilisable. Il n'est utilisable que quand les trois jambes sont de la même taille. Gōng, Quán, Zhàn doivent être pratiqués de la même façon pour pouvoir être utilisés correctement.

L'essence de Gōng est « l'accumulation ». C'est également l'étude, qui permet de construire les fondations du changement. C'est comme économiser de l'argent. Vous pouvez réussir ce que vous voulez en accumulant les ressources basiques. Comme je l'abordais dans mon livre sur DK Chamjang Gong, les ressources de base sont la source de la création.

L'essence de Quán est le « maniement ». C'est une technique liée au niveau de compétence. C'est également apprendre à utiliser les ressources accumulées par Gong. C'est comme apprendre à investir ses économies. En d'autres termes, Quán est un terme qui illustre comment utiliser correctement ses ressources.

Gōng permet de construire un environnement propice à l'apprentissage, et Quán forme la perception et les comportements spécifiques. Si Gōng est comparé à l'économie d'argent, Quán serait l'équivalent de l'investissement. Même si vous savez investir, vous ne pourrez investir de l'argent que vous n'avez pas. Et si vous ne savez pas investir, mais que vous avez de l'argent, vous allez tout perdre. Il est nécessaire de mettre Gōng et Quán en équilibre puisqu'ils sont complémentaires.

Zhàn est l'application de Gong et Quán. Sans Zhàn, Gōng et Quán ne sont rien de plus que des théories. Si on reprend notre métaphore sur l'investissement financier, c'est l'expérimentation de ce sens d'économie et de gestion de l'argent, en faisant les bons investissements.

Quand un boxeur fait deux heures de jogging par jour pour se préparer à ses douze rounds sur le ring, c'est Gōng. Quand il apprend des enchaînements et de nouvelles stratégies, c'est Quán. Quand il applique sa force, son endurance, et ses compétences en sparring, c'est Zhàn.

Les principes de Gōng, Quán, Zhàn, s'appliquent à la Conscience DK. Gong est le changement de la capacité de la personne à s'accommoder au silence de son esprit. Les schémas de l'esprit changent forcément en fonction de la personne. Certains voient tout en positif, et d'autres tout en négatif. Ceux qui ont plus de chances d'être anxieux, distraits ou confus doivent apprendre à s'habituer à l'absence de pensées et au calme. Gōng est la poursuite d'un esprit en paix et imperturbable.

« Cela deviendra une ressource de l'esprit ».

Quán dans la Conscience DK fait référence à un aspect plus technique. C'est une série de pensées qui permettent de reconnaître et d'exclure la confusion de l'esprit pour se focaliser sur les faits afin de rester stable. Quán est une voie pour séparer les aspects de l'esprit. Quand votre esprit est confus à propos de quelque chose, vous pourrez ainsi aller au cœur de cette confusion pour en séparer les faits et les interprétations.

« C'est la séparation de l'esprit ».

Le niveau de Quán dépend des ressources de Gōng. Si le Gōng a suffisamment de ressources, il peut être calme et en même temps faire des distinctions dans l'esprit. Mais si les ressources sont insuffisantes, seule la distinction sera possible, et l'esprit continuera d'errer dans la confusion. Si vous entraînez votre esprit et pouvez acquérir suffisamment de ressources, vous pourrez contrôler votre esprit avec Quán.

Zhàn pour la Conscience DK est l'application de Gōng et Quán pour traiter la confusion de l'esprit dans le quotidien. Si vous avez développé une ressource interne forte pour contrôler l'esprit confus à travers Gōng, Zhàn vous permettra de continuer en excluant les interprétations, et Quán vous permettra de vous focaliser sur l'esprit. Si vous persistez, malgré les échecs ou les succès, votre Gōng et votre Quán basés sur la Conscience DK vont gagner en puissance. Ce sera aussi l'occasion pour vous d'en savoir toujours plus sur votre Gōng et votre Quán.

« Zhàn est l'application de Gōng et Quán »

Au fur et mesure que votre niveau de Conscience DK s'approfondit en pratiquant Gōng, Quán et en appliquant avec Zhàn, l'absence de pensées et le temps passé en silence va augmenter, vous aurez de plus en plus l'habitude du silence et serez de moins en moins perturbé par les évènements extérieurs, et votre conscience en sera plus profonde et plus large.

Dans le cas où vous pensez que l'esprit est perturbé, est que vous manquez de discernement, cela signifie que Gōng n'est pas assez renforcé, et perturbe les interprétations. Si vous êtes possédés par des pensées inutiles, des lieux, des souvenirs, cela veut dire que vous perdez votre Gōng et êtes subjugué par les interprétations. Dans ce cas, identifiez ce phénomène avec la Conscience DK comme « à ce moment, je suis rempli de pensées inutiles ».

Implantez Quán en regardant à travers votre esprit et la situation avec la Conscience DK, en éliminant les interprétations et en se focalisant sur les faits. Si vous continuez à pratiquer Zhàn sans abandonner, vous serez gratifié du parfum du silence.

La racine de toute action est la pensée.

CHAPITRE 36
La Conscience DK et la Compassion
Distinguer les interprétations subjectives

Un vieux proverbe dit : « Si vous combattez avec compassion, vous gagnerez toujours sous la protection des cieux ». La compassion est la pureté de l'esprit humain qui vous garde calme et empêche les mauvaises actions et pensées. Le Tao te ching l'explique comme ceci :

J'ai trois trésors dans le grand Tao. Ils me sont précieux, alors je m'y accroche et je les protège. Le premier est la compassion, le second est la sagesse de faire des réserves, et le troisième est l'humilité pour m'empêcher d'être en bons termes avec moi-même.

Pourquoi la compassion ? Parce que l'amour est la source du véritable courage. Pourquoi la réserve? Parce que cela vous empêche d'aller trop loin. Pourquoi alors ne pas se mettre en avant ? Parce que le vrai meneur pousse tout le monde depuis l'arrière du groupe. Si vous êtes courageux sans compassion, efficace sans réserve, ou meneur sans troupes, vous échouerez et périrez.

La seule façon de gagner la bataille de la vie est de se battre avec un véritable courage de défendre ce qui est bon. Si vous faites cela, les Cieux eux même viendront à votre aide, et vous protégeront de leur puissance divine et compatissante.

Chapitre 67 – Tao te ching[1]

Ces trois trésors sont les comportements basiques du Tao. Le plus important est la compassion, qui fait référence à un amour maternel qui élève et nourrit tous les êtres. C'est l'amour du Dào qui prends soin des choses avec compassion et empathie.

Un homme brave et passionné tuera ou sera tué.
Un homme brave et calme préservera toujours la vie.
De ces deux hommes, lequel est bon et lequel est dangereux ?
Certains n'ont pas les faveurs des cieux, mais qui sait pourquoi ?
Même le sage n'en est pas sûr.

Chapitre 73 - Tao te ching

Ceux sans compassion se comporte dans l'ignorance et ont une vue réduite des choses. Avoir de la compassion permet de jeter un

Tao te ching : est un ouvrage classique chinois qui, selon la tradition, fut écrit autour de 600 av. J.-C. par Lao Tseu, le sage fondateur du taoïsme.

regard nouveau sur une situation, et d'en obtenir une compréhension plus large.

On peut citer comme exemple Aung San Suu Kyi, une femme d'état Birmane, auteure et prix Nobel de la Paix, qui a mené avec une approche non violente, « l'Ahisma » de Gandhi, un mouvement pour la démocratisation et les droits de l'homme dans son pays. Citons aussi Martin Luther King (1929-1968) qui a joué un rôle clé dans les mouvements sociaux des années 1950, jusqu'à son assassinat en 1968. Ce sont des personnes respectées pour leur courage et leur compassion, poussées vers le bien, et n'ayant jamais blessé personne.

Dans l'Histoire, on a toujours constaté que soumettre l'autre en utilisant la force donnait des résultats limités face au temps. L'esprit et l'essence des sages, elles, sont toujours vivantes aujourd'hui. Elles sont les véritables conquérantes qui ne peuvent être oubliées.

Pourquoi les personnes qui ont de la compassion survivent ? Parce qu'elles ont du recul et peuvent observer toute situation avec perspective et en comprendre les causes et les conséquences. Elles ont le courage de contrôler leurs pensées et leurs actions sans agir sous l'emprise de pulsions. A l'inverse, ceux qui manquent de compassion ont un champ de vision plus réduit, sont distraits, impulsifs et inconscients, incapable de voir le tout.

Pendant un stage que je tenais à l'étranger, un participant m'a demandé de le frapper avec une frappe chargée de ma puissance profonde, pour ressentir. Quand je l'ai frappé en utilisant peu de force, il ne se trouvait pas satisfait, et m'a demandé un coup plus puissant. J'ai poliment refusé. Un coup plus puissant n'en aura pas forcément l'air sur le moment, mais peut créer des dommages internes. Le jour suivant, l'homme m'annonça qu'il avait un bleu de l'autre côté de l'endroit où il a reçu la frappe, et qu'il avait vomi pendant le matin. Les dommages ont été causés par la pénétration de la force, et ne peuvent être compris qu'en expérimentant.

J'étais conscient du potentiel d'une frappe avec beaucoup de force interne. Ma compassion a pris le dessus. Si j'avais accepté sa demande pour démontrer ma compétence ou l'impressionner, il aurait pu être sévèrement blessé. On doit donc trouver le courage de dire stop à ce processus en montrant de la compassion pour l'autre. Le courage externe peut mener à de gros dégâts, et le courage interne peut sauver une vie. La compassion permet de trouver le courage de s'arrêter à temps, dans des situations comme celles-ci, et c'est ça la liberté d'être détaché. Si l'on reste au calme, rien n'est endommagé.

Dans une des histoires de Zhuang Zhou, un éleveur entraînait un coq de combat à la demande du Roi Xuan, de la Dynastie Zhou. Le Roi lui demanda un jour si l'entraînement était terminé. L'éleveur dit : « Pas encore, votre majesté. Ce coq se flatte et s'esbroufe ». Dix jours passèrent, alors le Roi demanda si l'entraînement était terminé. L'éleveur répondit : « Pas encore, votre majesté. Il ne fait que se jeter sur les autres coqs à peine il les entend. » Dix jours passèrent encore et le Roi voulut savoir si l'entraînement était terminé. L'éleveur répondit : « Pas encore votre majesté. Il a trop d'énergie, il est encore trop agressif ».

Dix jours plus tard, le Roi alla voir l'éleveur dans son poulailler, et lui demanda à voir le coq. L'éleveur lui montra le coq au loin et lui dit : « Votre majesté regardez le. Même si un corbeau passait par là, il ne bougerait pas. Il a l'air d'un coq de bois. Sa vertu est devenue parfaite. Maintenant les autres coqs n'osent pas s'approcher et fuient ».

La stratégie parfaite n'est pas la domination physique mais la puissance de la compassion, une force intérieure profonde qui vient du Dào. Le Dào se matérialise en étant en silence et en faisant la distinction entre les interprétations et les faits avec la Conscience DK. Si vous avez la compassion, vous pouvez rester dans le silence sans être perturbé par les évènements et les comportements, et ainsi vous adapter à n'importe quelle situation.

Si vous attaquez votre opposant de façon impulsive avec un courage dénué de compassion, préoccupé par la peur de perdre, vous verrez que votre force restera superficielle. Laisser les interprétations de côté et vous concentrer sur les faits avec la Conscience DK amènera sympathie et compassion.

L'esprit est maintenant capable d'observer sans réactions impulsives. C'est le principe de combattre avec compassion, route vers la victoire et la protection de Dieu. Mais tout cela fait partie de la puissance de l'esprit qui sera atteinte avec la Conscience DK.

La racine de la Conscience porte les fruits de l'acte.

CHAPITRE 37

L'absolu de l'être humain

La vérité inexorable

Jusqu'ici j'ai expliqué comment faire la distinction entre les interprétations subjectives et les faits objectifs avec la Conscience DK. Qu'est ce qui est à l'origine des interprétations qui poussent comme de la mauvaise herbe ? C'est la peur de la mort.

Pourquoi avons-nous peur de la mort ? Nous avons peur de la disparition du « soi » plutôt que de la peur objective du fait de mourir. Plus spécifiquement, c'est la peur de la disparation de ce qu'on croit être nous-même, et surtout, la disparition des interprétations que l'on croit être nous-même. Dans ce chapitre, je vais présenter les aspects les plus fondamentaux de la Conscience DK.

Il y a une grosse différence entre les interprétations et les faits objectifs vus à travers la Conscience DK. C'est le « changement ».

Un phénomène qui change est une interprétation, mais un qui ne change jamais est un fait objectif.

Ni le temps, ni la personne ne pourra changer un fait objectif.

Si un sac est posé par terre devant vous, est-ce un fait objectif ? Si vous pouvez voir le sac maintenant, cette affirmation doit être un fait objectif. Mais si quelqu'un emporte le sac, la même affirmation n'est plus un fait objectif. Ce qui aurait pu être un fait objectif dans le passé est devenu une interprétation sous l'effet du temps. « Il y a un sac » est un fait objectif jusqu'à un certain point dans le temps. Le temps transforme un fait objectif en une interprétation momentanée et le flot du temps transforme tout ce qui est perçu comme fait objectif dans le monde en interprétations.

Plus tôt, j'ai dit que la mort est l'annihilation des interprétations qu'on considère être « nous ». Regardons comment tout ce que nous croyons être « nous » est une interprétation subjective.

Pour commencer, votre corps vous appartient-il ? On pourrait répondre oui, de façon objective, mais le fait est que votre corps est en constant changement.

A ce moment, les cellules de votre corps meurent et se renouvellent constamment. La peau se régénère et tombe, les cheveux et les ongles poussent. La température et l'humidité de la peau continuent de varier légèrement. Nos corps changent constamment et réagissent passivement aux stimuli externes. Par conséquent, nos corps, entre cette seconde et la prochaine, ne sont déjà plus les mêmes. Votre corps va inévitablement vieillir sous l'effet du temps, sa vie arrivera finalement à son terme, et sa forme retournera à la nature. Nos corps sont créés par la nature et retournent à la nature. Au final, ils appartiennent à la nature, pas à nous en tant qu'individus. Nous faisons donc une interprétation de l'utilisation de notre corps, et les réactions qui en émanent sont aussi des interprétations. Nous produisons des actions en fonction des stimuli externes qui pénètrent le corps. Les concepts et les pensées sont formés depuis les sens, et l'esprit du sujet, avec son jugement, s'éveille avec la volonté de les appliquer.

Supposons que vous avez très faim sur le chemin de la maison, et que vous sentez l'odeur d'un barbecue quelque part. Par habitude, vous penserez « Je sens de la viande au barbecue quelque part. Oh, j'en veux. ». Vous apercevez un boucher sur le trottoir d'en face, alors vous allez acheter de la viande, ce qui n'était pas prévu. Pendant ce temps, vous pensez que tout ce que vous faites est le fruit de votre volonté, mais ce sont ici les Cinq Skandhas[1] Forme, sentiment, perception, pulsion et action. Ce sont les fruits de l'arbre dont les racines s'appellent le corps. Elles sont des interprétations subjectives puisqu'elles suivent les racines.

Ces actes sont une sorte de Karma créé par le corps en contact avec les évènements externes. Vous vous identifiez avec cette suite de phénomènes, et vous ressentez la souffrance si cette séquence est interrompue, vous sentant offensé. Une telle douleur mène à une autre douleur, et donc à plus de Karma. C'est un Karma causé par l'habitude, qui arrive parce que vous n'avez pas découvert votre vrai « moi ». La souffrance arrive inévitablement quand votre esprit est préoccupé par les phénomènes changeants.

[1]*Skandha peut être traduit par « groupe », « agrégat », « facteur constitutif de l'ego ». Dans le bouddhisme on compte cinq agrégats constitutifs de l'individu.*

Votre nom, c'est vous ? Non, il peut être changé à n'importe quel moment. Votre travail, s'est vous ? Non, il n'existait pas à vos débuts, et de plus, vous pouvez le quitter ou en changer à tout moment. Qu'en est-il de vos relations ? Elles disparaissent aussi par ce phénomène. Tout ce qui change n'est pas vraiment vous, même si on aimerait croire autrement, et nous persistons à pleurer ces choses qui s'évaporent avec le temps.

Puisque l'esprit est obsédé par les phénomènes changeants, il sera inévitablement distrait par le changement. Si l'esprit s'identifie avec les interprétations, il sera inévitablement suivi par des actes et des souffrances résultant des mauvaises perspectives. Le Karma[2] continue à créer du Karma.

Nous devons accepter les faits objectifs, pas les phénomènes changeants. Si les manifestations externes du « Soi » sont constamment en mutation, et que toutes les choses du monde sont des interprétations du Soi, alors quel est le Soi objectif dans tout ça ? Quel est le Soi qui ne change pas avec le temps ? On tombe ici dans l'absence de pensée et d'espace, entre le Dào et Dieu, comme disaient les anciens. Le langage ne suffit pas pour exprimer les faits objectifs. L'essence ne peut être expliquée autrement que par les mots. Elle peut seulement être vécue. Malgré tous vos efforts, vous ne pourrez jamais clairement expliquer à quelqu'un ce qu'est le goût d'une prune, s'il n'a jamais goûté de prune. Le plus simple pour vous (et pour lui) serait de lui indiquer comment se procurer une prune, et qu'il la goûte.

[2]*Karma : le karma est la force irrépressible à laquelle il est impossible d'échapper, et pour laquelle la conséquence d'un acte se manifeste en cette vie ou en des vies ultérieures. Lorsque l'on pense, parle ou agit, on crée et stimule une force qui va réagir en conséquence*

La Conscience DK ne va pas vous expliquer « le goût d'une prune », mais plutôt comment s'en procurer. Si vous suivez le chemin de la Conscience DK, vous pourrez en faire l'expérience par vous-même.

C'est vous qui ressentez la douleur et le plaisir. C'est vous qui avez peur, et c'est vous qui lisez ce livre. Vous avez oublié ce qui crée les actes et les pensées, et vous êtes perturbé par une myriade de changements. Vous pouvez vous libérer de cette douleur en observant les phénomènes avec la Conscience DK. À travers ces connaissances, vous comprendrez le fait objectif que l'essentiel a toujours été de pouvoir observer les choses de façon silencieuse.

Comme le retour du Fils Prodige, comme le courage du Lion se développe dans son esprit apeuré, vous constaterez bientôt la vérité de vous découvrir réellement, comme un fait objectif que vous n'auriez pu trouver nulle part ailleurs. Quand vous aurez aperçu cette révélation, vous ne voudrez plus la quitter.

C'est là la liberté de l'esprit.

Certaines personnes pensent que la liberté de l'esprit est d'être sans contrôle, alors qu'ils sont sous le contrôle de leurs interprétations et du Karma.

Un véritable esprit libre est une aspiration pure à rechercher le soi et l'essence en se libérant de ce qu'on croyait savoir. C'est découvrir le Soi comme un fait objectif qui amène la véritable liberté.

C'est le Kong en Bouddhisme, Zhōng en Confucianisme, Dào en Taoïsme et Dieu en Christianisme. Un espace primal qui transcende le temps et existe pour toujours. Votre défi reste d'y accéder.

C'est le but ultime de la Conscience DK.

La relaxation vous amènera tout.

Épilogue I

Observer l'application des pensées avec la Conscience DK

Pour nous êtres humains, quelle est la plus importante des quêtes dans notre vie ? C'est la quête de soi. Qui suis-je ? Quelle est la cause de ma souffrance ? Quel est le but de ma vie ?

Ceux qui ne se sont jamais posé ces questions ne connaissent rien d'eux-mêmes ou n'ont aucune intention de se connaître.

De la même façon qu'il est impossible de deviner ce qui va pousser du sol sans savoir quelle graine a été semée, la majorité des personnes sont ignorantes d'elles-mêmes et continuent à agir sans conscience, et certaines finissent par mourir dans la souffrance et le remord. Aveuglées par l'ignorance et le délire, emprisonnées dans leurs valeurs séculaires, de nombreuses personnes restent bloquées, comme des oiseaux pris dans un filet.

Après tout, seul un profond regard sur soi permet à l'existence d'une personne de prendre son envol. Pendant des siècles les grands visionnaires ont cherché à répondre à ces questions, et leurs conseils et conclusions ont été partagés par les écrits. Les réponses sont là et pourtant nos yeux ne peuvent les voir. Celui qui a des oreilles entendra et celui qui a des yeux verra.

Dans l'Upanishad, écrits sacrés de la tradition Hindou, il est écrit que « Brahman est ce qui ne peut être perçu. C'est ce qui permet d'entendre le son avec ses oreilles, de voir avec les yeux, de parler avec sa voix, de sentir les arômes, de comprendre la signification dans les pensées. Le Atman-Brahman est ce qui vient de l'homme, pas quelque chose à chercher à l'extérieur ». Brahman est un mot Sanskrit Védique qui signifie : « Le principe créatif qui réside dans le monde entier ».

De plus, Jiddu Krishnamurti (1895-1986), un philosophe Indien, orateur et écrivain, écrit : « Ne devrions-nous pas comprendre le chercheur avant de chercher la stabilité et le bonheur constant ? Le chercheur est-il différent de ce qui est cherché ? Quand il dit, Je cherche le Bonheur, celui qui cherche est-il différent de ce qu'il cherche ? Est-ce que celui qui pense est différent de ce à quoi il pense ? Sans se connaître ou être conscient de tout ce processus, on ne peut avoir une fondation solide dans ses pensées, ses désirs, ou ses comportements. Par conséquent, se connaître en profondeur devrait précéder la poursuite des fondamentaux buts de la vie. »

En un mot, nous devrions être capables de distinguer une pensée de celui qui pense. Un acte et celui qui agit sont deux choses distinctes. Les gens souffrent parce qu'ils ne peuvent faire la différence entre un acte et celui qui fait l'action. Ceux qui agissent s'identifient avec l'acte et ont oublié qui ils sont. Quand celui qui pense n'est plus influencé par les pensées, il devient immédiatement libre.

Dans le Sutra du Diamant, un écrit bouddhiste, le Bouddha dit à un de ses disciples : « Toute forme est irréelle, et si elles sont toutes vues comme telles, le Tathagata sera perçu. » Il explique ainsi que lorsque quelqu'un se détache de ses pensées et ne se perd pas dans les phénomènes externes, il pourra atteindre instantanément l'illumination. Rien qu'en lisant ce passage, Hanam Jungwon (1876-1951), un moine Bouddhiste Coréen et maître Zen, avait atteint l'illumination, simplement parce qu'il comprit celui qui pensait et ce qui était pensé.

Un jour, dans le sud de la Chine, de nombreuses années plus tard, le prêtre Yinzong, qui avait étudié auprès de Maitre Hongren, donnait une conférence sur les écrits du Mahaparinirvana au Monastère de l'élévation de Dharma. Pendant qu'il parlait, une tempête commença à souffler. En voyant les bannières du monastère claquer au vent, un moine demanda si c'était le vent qui bougeait, ou le drapeau. Un moine dit « c'est le vent qui bouge », et un autre dit « c'est le drapeau qui bouge ». Entendant ceci, Huineng, un moine quasi légendaire dans l'histoire du Bouddhisme Chan, qui vivait près du temple, voulu apporter son aide. Il répondit : « ce n'est ni le vent, ni le drapeau qui bouge, mais vos esprits ».

Dans cette anecdote, Huineng, faisait la différence entre le penseur et la pensée, et démontra que le vrai Moi n'est pas perturbé par le phénomène extérieur. Quand l'esprit est attaché à un objet externe, toute réponse physique dépend de la pensée. L'esprit s'identifiait au drapeau ballotté par les mouvements externes.

Il y a aussi un proverbe qui dit : « Le monde est ce que vous en faites ». Won Hyo (617-686), un des premiers chercheurs du courant Bouddhiste Coréen, a un jour épanché sa soif alors qu'il était dans le noir complet d'une cellule. Ce n'est que plus tard qu'il se rendit compte qu'il avait bu de l'eau croupie dans un crâne humain. Étonné de constater la séparation de son esprit, il atteint soudainement l'illumination. Il dit par la suite que : « Toute chose est créée par l'esprit. »

Quand l'esprit est conquis, l'illumination est possible, on trouve alors le vrai Soi avec un esprit imperturbable et qui peut voir la vérité. En trouvant le vrai Soi, on ne s'attache plus aux mémoires du passé, aux expériences, ni empreintes, on se libère de tout.

Néanmoins, l'esprit observe constamment et perçoit le monde extérieur dans sa fonction intrinsèque, alors il n'est pas facile de rester silencieux. La racine de toute action est la pensée, dérivant du subconscient profond, là où réside le cœur fondamental de la pensée. C'est seulement en le comprenant qu'on pourra séparer les pensées et les actions des phénomènes externes.

Sans une telle réalisation, l'esprit se perd dans ce qui se passe autour de lui, comme dans une mer de pensées. La connaissance et la sagesse ne suffisent pas pour rattraper l'esprit perdu, seule fonctionne une profonde compréhension de soi. Par conséquent, nous devons identifier les racines fondamentales de la pensée avant d'essayer de rendre nos esprits silencieux.

D'après Patanjali, le sage qui a écrit les Sutras du Yoga, le but de la pratique spirituelle est d'atteindre le bonheur intérieur et la paix de l'esprit, et de contrôler ainsi la source des mots et des comportements en contrôlant le mouvement de l'esprit. En d'autres termes, il parle simplement d'exploration et de réalisation de soi, et se base sur des valeurs universelles qui ne sont pas réservées qu'à quelques-uns, mais pour quiconque recherche le bonheur. Il prêche que devons réaliser la différence entre la conscience et celui qui est conscient. À travers une telle réalisation, l'exploration et la réalisation de soi porteront leurs fruits. Le niveau de conscience atteindra des profondeurs silencieuses, libérant les frontières de l'esprit. C'est seulement là que les phénomènes externes disparaissent et que le but existentiel subsiste.

L'esprit ne serait plus ballotté par les circonstances. Il resterait uniquement la paix de l'esprit obtenu par la connaissance de soi, et non pas par une discipline de fer ou des exercices spirituels contraignants. On pourrait ainsi connaître la vérité, l'extase de la tranquillité de l'esprit et apporter la créativité à ce que l'on entreprend. Par ailleurs, ceux qui suivent une religion avec un tel état d'esprit découvrent également le Soi absolu et restent imperturbables.

Observez votre esprit en silence. Observer signifie ici réfléchir avec un esprit silencieux : observer l'extérieur de son regard comme on illumine l'obscurité avec la lumière. C'est la Conscience DK. C'est sonder votre esprit en silence pour ne pas réagir automatiquement aux phénomènes externes. La Conscience DK permet de distinguer les faits objectifs et les interprétations subjectives pour éclairer un esprit confus et se débarrasser de l'obscurité. La terreur, la peur, le désespoir, la colère, qui se lèvent dans nos esprit, ne sont que des interprétations et des mouvements de notre esprit. Ce ne sont pas des faits objectifs. On ne doit pas rester emprisonnés par de telles interprétations en les considérant comme vitales. On doit s'assurer de pouvoir faire la distinction, identifier le porteur de l'esprit, pour que l'esprit puisse profiter de sa véritable nature, et garder l'esprit calme malgré les évènements qui se présentent.

La conscience DK ne mène pas à un esprit anesthésié, mais consiste en une série de processus pour mieux comprendre celui qui porte cet esprit.

Comme un poisson qui brise son filet, comme le feu ne se ravive pas quand il ne reste que des cendres, on doit pouvoir couper court à toute agonie d'un coup, ne plus s'attacher aux mouvements de l'extérieur, mais aller à la rencontre de celui qui porte l'esprit, le vrai Moi, et avancer vers la liberté.

C'est le but de ce livre.

Épilogue 2
La Conscience DK

Faire du neuf avec la tradition

La conscience DK n'est pas une découverte personnelle ou une création. C'est une refonte basée sur la réalité des bases du Dào des vieux sages, une sorte de collection des expériences et conclusions partagées par nos ancêtres.

Le but n'est pas de créer une nouvelle théorie ou mouvance. Ce livre parle de vision, d'esprit et de pensée pour que tout le monde puisse se concentrer avec clarté sur les faits.

Si vous êtes capables de faire la distinction entre « celui qui crée l'esprit » et « l'esprit » sans être perturbé par des circonstances externes, vous avez atteint la Conscience DK.

DK Yoo

Fin

Printed by Amazon Italia Logistica S.r.l.
Torrazza Piemonte (TO), Italy

23278089R00130